「学ぶこと」を考える 2

慶應義塾日吉キャンパス
極東証券寄附公開講座編集委員会——編

発行●慶應義塾日吉キャンパス

はじめに

本書は、二十一世紀を迎えた二〇〇一年の十月から十二月にかけて慶應義塾大学日吉キャンパスにおいて開講された『慶應義塾日吉キャンパス極東証券寄附公開講座「学ぶこと」を考える2―21世紀の INNOVATOR を迎えて』で行なわれた講演をまとめたものです。

この寄附講座を開講するきっかけは、二年半前の二〇〇〇年三月に極東証券株式会社より日吉キャンパスに寄附講座提供の申し出をいただいたことにあります。このとき、私たちがまっさきに考えたのは、これを機会に「学ぶこと」をあらためて捉えなおしてみたい、ということでした。二十世紀を振り返り、二十一世紀を展望する声がさまざまに交錯するなかで、研究・教育・学習の現場である大学を根本において支える「学び」に焦点をあてることで、新世紀に大学が向かうべき第一歩を確認したいとの思いがあったといってもよいでしょう。

ご承知のように、二十世紀の百年間で私たちを取り巻く環境は大きく変化してきました。とりわけ「学び」について考えようとすれば、その内容もさることながら、現在なお日々刻々と相貌を変えつつある情報環境の大きな変化とこれがもたらした影響を無視することはできません。当然の結果として、私たちの「学習」の在り方も急激な変化を遂げてきました。新世紀に入り、この変化はいよいよ加速度的に大きくなっています。しかも、それはたんに何かを学ぶという「学習」の場における技術や方法の変化にとどまりません。それは私たちの思考方法や世界観、生き方そのものにも影響を与え、価値観の根本的な再検討を求めるものとさえなっています。

私たちはどのような時間を生きてきたのか、また私たちの前にはどのような問題が立ちはだかっているのか、その問題を解決するために私たちには何が求められているのか。つまり、私たちは自分たちを取り巻く社会の、あるいは世界の歴史を振り返りつつ、同時にその将来を見据えながら、私たち自身が拠ってたつことのできる新たな確固たる足場を構築する必要に迫られているのです。

世界を眺めても、周囲を見まわしても、あるいは自分の足元に視線を落としても、たしかに私たちは明るい未来を思い描くことの難しい状況に置かれています。しかし、先行きが不透明だからこそ、新しい時代をよりよく生きるための指針を見出す努力を惜しんではならないのではないでしょうか。

そうした努力の一歩としてこの講座を活かしたい――本講座を学生だけに限定しない公開講座として広く地域や社会からの参加を募ったのも、さまざまな分野・領域において時代のINNOVATORとして第一線で活躍する方々を講師としてお迎えしてプログラムを構成したのも、こうした思いがあったからにほかなりません。

幸いにして『慶應義塾日吉キャンパス極東証券寄附公開講座　「学ぶこと」を考える―21世紀のINNOVATORを迎えて』と題した初年度の講座も、同じタイトルでまとめた講演集も多くの方々のご好評を博することができました。また、同じテーマでさらに多くの講師の話を聞きたいとの声も数多く寄せられました。そこで二〇〇一年度も『「学ぶこと」を考える2』と題した公開講座を開講することにいたしました。その結実が本書にほかなりません。

初年度同様に講師の方々には、私たちが考えた講座の趣旨・目的を事前にじゅうぶんにご理解いただいた上でご出講をお願いしました。その結果、これまた前年と同じく、どのようにしていまの自分があるのか、現在どのような問題に取り組みつつあるのか、あるいは今後取り組むべき課題は何であるのかなどについて、それぞれの講師がご自分の「学び」の経験に即して、具体的かつ創意工夫をこらして語ってくださいました。ここにあらためて感謝申し上げたいと思います。

本講座の参加者にとってそうであったように、本書を手にされる方々にとっても、このささやかな書物があらためて「学び」について多角的に考える機会となり、「学ぶ」ことの意義や方法、問題意識の活性化につながれば幸いです。

二〇〇二年九月

慶應義塾日吉キャンパス極東証券寄附公開講座運営委員会

目次

「学ぶこと」を考える　2

山下洋輔のジャズの掟

山下洋輔

山下洋輔（やました　ようすけ）

一九四二（昭和十七）年、東京に生まれる。国立音楽大学作曲科卒業。六九年に山下洋輔トリオを結成、フリー・フォームのエネルギッシュな演奏でジャズ界に衝撃を与える。その後、和太鼓やオーケストラとの共演など活動の幅を広げ、ニューヨークでもトリオを結成して国内外で高い評価を得る。日本を代表するジャズ・ピアニストである。二〇〇二年にはジャズと室内楽のニューイヤー・コンサートを開催、スペシャル・ユニット「室内楽団八向山」のレコードをリリースするなど、意欲的な活動を続けている。

●タモリの傑作パロディから

本日は、ジャズの演奏で実際にどういうことが起きているのかについて、音を聞きながらお話ししたいと思います。まず演奏を聞いていただきましょう。ジャズの演奏は普通、いわゆるコンボといわれる小編成のバンドやビッグバンドなどが普通ですが、ピアノという楽器の特性上、ピアノソロという分野も開発されてきました。ピアニストのセロニアス・モンクは、ジャズファンの方はご存じの名曲「ラウンド・ミッドナイト」を作曲して、彼自身もソロで演奏していますが、私もその曲からやらせていただきます。

演奏「ラウンド・ミッドナイト」（譜例1　A、B　山下演奏イントロ）

曲をよくご存知の方は、出だしで「あれ」と思われたかもしれません。こんなふうに勝手に弾き始めて（譜例1）、イントロとも変奏ともつかぬことをやりました。これは原曲にはありません。原曲のメロディは、次のようなものです。

譜例１

譜例２

演奏「ラウンド・ミッドナイト」(譜例2　A、B)

出だしからとてもきれいな曲です。でも、それを使わず私流に出るこのやり方を長年やり続けています。お聞きのように、途中から原曲に戻っていくわけですが(譜例1のBが譜例2のBに対応)、その後もいろいろ自由勝手なことを付け加えています。ジャズ演奏においては原曲は即興演奏の素材であるという考え方を究極まで推し進めることもできるわけです。その先には、自分の作ったテーマを自由に即興演奏する、あるいはあらかじめ作ったテーマもなく、その場で即興演奏するという世界もあります。

しかし、そこまで一気に行く前に、いったんもとに戻って、オーソドックスな解説を聞くことにいたしましょう。実はここに、すばらしい高名な教授の講義の記録がありますので、ぜひ、これを一緒に聞きたいと思います。教授の名前は、タモリ教授です。これは一九七〇年代の中ごろに作られたパロディ・レコードで、あのタモリが教授に扮して、ジャズ講座をやっています。この中に幾多のすばらしいヒントが隠されているので、まずはそれを聞いて、お笑いになりながら、共にヒントを探っていくことにしましょう。

「教養講座　日本ジャズ界の変遷その1」

(アナウンサー)　教養講座。きょうは、中洲産業大学芸術学部器楽科のタモリ教授においでいただいて、日本ジャズ界の変遷についてお話ししていただきます。

【タモリ】　ええ、皆さん、こんばんは。きょうは、日本ジャズ界の変遷ということで、日本のジャズ界がどのように変遷してきたかのお話でございます。

ええ、まあ、この、ジャズの発祥と申しますか、そもそもの出はアフリカでございまして、アフリカの原住民たちが通信に太鼓を使っていたと、まあ、このようなことなんですねえ。例えば、簡単なリズムでございまして、(ピアノ)まあ、こういうものありますですねえ。例えば、これが「♪象がとれた〜。みんなで解体しよう」と言いますと、向こうの集落のほうからは、「♪あ、そうか〜、そうか〜。今行くぞ」と、まあ、このようなことがジャズの発祥だったと考えられているわけでございますが。

音階と申しますのは、非常にジャズの場合には特殊なものがございまして、ピアノではこの半音ですね、(ピアノ)この半音しかございませんが、アフリカの音階には、この半音の四分の一、クォータートーンというのがあるんですねえ、ええ。大変にちょっと難しいんですが、このクォータートーンが、ジャズでいいますブルーノートの初めになったと、まあ、かように考えられているわけなんですが。

そしてアフリカの人たちが、アメリカへ奴隷としてつれて来られて、大変にこれは気の毒なことなんですが、幸いなことに、そういう人たちがジャズというすばらしい音楽を生んだと、まあ、このようなことで。私、クラシックのほうをやっております関係上、ジャズのほうは、少々はわかるんですが、まあ、たかが民族音楽でございますので、そう難しく考えることはないと思います。

で、このブルースが発祥してくるわけですけれども、ブルースといいましても、淡谷のり子さんが歌っているようなブルースではないんですねえ。ちょっとピアノでお弾きしましょうねえ。こういうコード進行なんですねえ。（ピアノ）ま、このような単純な、このでたらめに近いようなものがブルースとして発祥してきたと考えるわけです。で、このブルースの音階には、第3音と第5音、あるいは第7音が半音下がるという、このクォータートーンの名残りを残しております。

例えば、有名な「ワークソング」ですね。（ピアノ）ええ、これはもうファンキー・ジャズなどで有名になっておりますが、この第3音と第5音、あるいは第7音を、それでは元のまま半音上げたら、どのような音楽になるでしょうか。（ピアノ）わかりますでしょう、これ。（ピアノ）これはですね、沖縄民謡になってしまうんですねえ。まあ、面白いことなんですけども。

そして、チャーリー・パーカーなどというような偉大な人が出まして、バップなどというものが起こりまして、現代のジャズが確立されていくわけなんですが、日本でもジャズが、戦前あるいは戦後を通じて、徐々に一般的に普及いたしました。駐留軍のキャンプなどでですね、いろんなジャズが演奏されております。

現代に至りましては、有名な日本のジャズ界の指導的な立場にありますアベサダさん、ええ、あの方が「アベサダとジャズ」なんという番組を作りまして、この一般的なジャズの普及に努めたわけなんです、ええ。

それから、若手の台頭がございまして、最近では山下洋輔さんなどという人が、ヨーロッパなどへ行きまして、大変な好評を博しているわけなんです。こういったようなピアノですねえ。(ピアノ)とまあ、すごい、この空手みたいな、だんだんとジャズもスポーツ化して、こういうのを、私、スポーツ・ジャズというようになっているわけなんです、ええ。

それで、このバンド用語というのがあるんですが、これは「ゲーセン」だとか、あるいは「ツェーセン」なんていうのを申しますが、これは、ほんとうはクラシックのほうから出た言葉なんです、はい。あのバイオリンのG線ですね、Gの音、あれからきまして、ゲーセン、つまり5千円のことをゲーセンというようになる。

あとは、いろんな言い方があります。逆にいたしますですねえ。ピアノのことを「ヤノピ」、ねえ。ラッパは「パツラ」。これには原則がございまして、ラッパのような場合には、ラの促音「ッ」を正確に発音しますですねえ。だからラッパだったら、パッラじゃなくてパツラと、まあ、このようなことになりますねえ。

それから、一字の場合。例えば、目。目の場合は、めの子音「え」ですね、これを発音します。目の場合は、「エーメ」と、子音プラス長音を入れるという原則がございます、ええ。大体この二つから、転倒、子音発音、長音付加、こういうものから成り立っているのでございます。

そういうことで、日本のジャズもこれからどういうふうに進展していくかが、ほんとうに楽しみなんですけども、まあ、私、クラシックをやっております。で、以前、トランペットなんかも少々たしなんでおりましたんで、ジャズがどうなろうと、ま、知ったことじゃないんですが、それなりに楽しみはあると、そういうことで、今週は日本のジャズ界の現状、そしてジャズの発生などをお話ししてみました。

それでは、また来週のこの時間に。

（アナウンサー）ただいまのお話は、中洲産業大学芸術学部器楽科のタモリ教授でした。

（以上レコード「教養講座　日本ジャズ界の変遷その1」より）

●ジャズの起源

【山下】　「来週のこの時間」も「変遷その2」も絶対にない「講座」なわけですが、この話をタモリは、練習も台本もなしに、いきなりやったのです。すごい才能です。当時は、毎晩、こういう人とこんなことばっかり言って朝まで酒を飲んで騒いでいたわけですから、実に豪華な時代であったわけです。ちょっと乱暴で説明不足のところも多々ありますが、それでもタモリ教授はいくつか大変興味深いことをいっていますので、それに即して、あるいは説明不足を補いながらお話しをしていくと、わかりやすいのではないかと思います。タモリ教授の論点を箇条書きにしてみましょう。

1. ジャズはアフリカ生まれである
2. リズムが重要である
3. ジャズにはアフリカ音楽の音階の影響がある

4．民族音楽である
5．ブルーノートの考察
6．日本のジャズ（空手）
7．バンド用語の法則性

このようなことでしょうか。

「2」でタモリ教授が触れているのはいわゆるトーキングドラムというものですが、アフリカのリズムについては、知りあいの学者の西江雅之さんなどからも、いろいろと興味深い話を聞きます。言葉を喋る時の音の高さが低中高と三種類あるので、それを叩きわけて会話をすることができるそうです。忘れられない面白い話は、西江さんがある部族の話を聞きにいくと、タイコを叩いてそれで喋ってくれる。聞きわけてようやく理解できるようになった。ある日、大事な歴史の話をしてくれるというので行ったら、三人出てきてタイコを叩きだした。これが、さっぱりわからない。後で知ったのは、言葉を喋っていたのは前の一人で、あとの二人は音楽で伴奏をしていたっていうんですけど。すごい話です。この話とは同じではありませんが、こういうリズムで会話するという現象は、現在のジャズの演奏の中にも明らかに残っています。

アフリカとヨーロッパが新大陸で出会った。これは、人類史上例を見ない大きな出来事であると思うのですが、それがジャズの誕生の原因であるといえます。アフリカからつれて来られた人々は、もとの部族単位で生活することはありませんでしたから、特有の集団としての音楽文化は維持されないわけです。残るのは個人個人の中に残された音感、美意識です。これがヨーロッパの音楽要素と出会ってさまざまな発露をしたと考えられます。後年、白人社会の方がその音楽的成果に気づいて、さまざまな形で関与し、共に発展させるということがあります。つまりジャズは必ずしもアフリカ系アメリカ人だけが作ってきたのではないのですが、一方では、ジャズはアフリカ系アメリカ人しかできないと言い張る立場もあるわけで、このへんはタモリ教授のいう「4」と呼応しています。

次に「5」ですが、これについては私も実演つきで少し詳しくお話ししたいと思います。

アフリカからの奴隷への対応として、カリブ海地方や南米では打楽器を演奏することを禁じなかったといいます。それで打楽器音楽が発展しました。キューバ音楽、サルサ、ブラジルのサンバなどの存在はその継承です。一方、北米大陸では、白人たちは黒人たちが打楽器を叩くのを非常に恐れたといいます。そのためアフリカ人たちは打楽器による音楽表現をおおっぴらにはできなくなった。彼らが接する音楽は、教会の音楽をはじめヨーロッパのものに限られたわけです。そこからいろいろな現象が起きてきます。

例えば、賛美歌を歌うときに、そこにはアフリカ的な独特の音感やリズム感が加味されて歌われたでしょうし、遊び歌にも労働歌にも同じことが起きたでしょう。それらの歌は無伴奏で歌われたり、あるときは、ピアノやオルガンが使われたでしょう。あるいはギターやバンジョーだったかもしれません。いずれにしてもそれらの楽器にはヨーロッパ音楽が生み出した「和音」あるは「和音の進行」という、アフリカ音楽ではあまり発展しなかったものが大事な要素として存在していました。そして、それらの楽器が奏でる和音と、独特の音感によって作り出される旋律との同時存在が、ブルースという音楽を形作り、ジャズという音楽の成立に大きな影響を与えたのは事実です。

そのことを少し詳しくお話ししましょう。

●ジャズは和声では説明できない

アフリカとヨーロッパの二つの音楽、それは共にメロディーと和音とリズムという三つの要素を持っているのですが、これが新大陸で出会いました。その結果、融合というよりも、私はあえて言うのですが、むしろ衝突が起きて、その痕跡がジャズという音楽の中にいまだに残っていると思えるのです。そのことを、これからピアノを弾きながら説明しましょう。誰でも知っている「スワニー河」という曲を例にします。最初は普通に弾いて、それからだんだんと、いわゆるジャズ的なものに変化させてみます。

演奏「スワニー河」

途中から、どこが「スワニー河」だということになったかもしれませんが、つまりメロディは少し逸脱しましたが、もとの和音の流れはそのままなのです。(ピアノ)このように和音はそのまま西洋のものが使われ、その上に乗っているメロディの中に、時々、先ほどタモリが言っていたように、変なものが入ってきます。（ピアノ）こんなふうなメロディを平気で乗せてくるのです。

スワニー：アドリブメロディ（譜例3）

どんなジャズの演奏にも、必ずどこかでこういう変な音（譜例3、a、b、c）が入ってきます。これが「ブルーノート」と呼ばれる音なのです。何も昔のブルースだけのものではありません。モダンジャズにもフュージョンにもロックにもポップスにも類似の音の動きが頻繁に出現します。これは一体何だろうと思って、少し調べたことがあります。その時に考えたのが、先ほど言ったように、ヨーロッパの要素である和音の存在理由とは別のところからこれらのメロディは来ているのだということでした。

今までの音楽の分析方法は西洋音楽からのものしかありませんでした。和音と旋律についても、基本的には両者は同じ原理に属していると考えます。ドレミファソラシドがメロディなら、その音階の構成音であるドミソ、ファラド、ソシレが和音を作るわけです。メロディと和音が別の原理から生じていると考えることはあまりなかったと思います。辞典を見ても、ブルースやブルーノートという項目は「ブルース音階」という特殊な音階を想定して説明しようとするものがほとんどです。

しかし、実態はそうではありません。ブルースの旋律を形作る音は、音階とは関係なくひと塊

譜例３

譜例４

譜例５

譜例６

になって独特の決まった動きをする。それに対して西洋の和音が折り合いをつけている。これが実際に起きていることなのです。

ではここで、いわゆるブルースの旋律の典型を抽出してみましょう。(弾く)

譜例4

これに和音をつけることが可能です。今はコードネームで書きますが、例えばG7―Cという進行は普通です。上にこのメロディを乗せます。(ピアノ)どうですか。ちゃんと成り立つでしょう。このようにして、ありとあらゆるコードが、実はつくのです。F7―Cでもいいし、D7―G7―Cでもかまいません。D7―D♭7―Cでもいいのです。全部成り立っています。

これを、従来の機能和声学といいますか、和音旋律一体の考えから説明するとしますと、ちょっと専門的になるのですが、(**譜例5**)G7に対して、このシの半音下がった音(a)は、♯9thまたは♭10thだといいます。G7の和音構成を調べて、これが9度の音がシャープしている、または10度の音がフラットしていると考えるのです。別の所では、G7なのにF♯の音が入っていますます(b)。7thコードにメジャー7thの音が入っている場合の言い方はありません。それでこれは経過音と考えればいいだろうなどと処理をする。つぎのこのE♭(c)は何だろう。これはG7の♭13thと言うことができる(弾く)。

譜例5

では、D7—D♭7—Cで同じことをやってみましょう（弾く）。

譜例6

今度は(a)は、D7の♭13thになり、(b)はD♭7の11thになり、(c)はD♭7の9thです。同じメロディの同じ音が、和音が変わるたびに呼び名が変わるだけです。これでは何もわかったことになりません。しかも、この音階上の3度5度7度が半音下がったように記譜されているこれらの音は、まさにタモリの言うクォータートーンになることもある、つまり可変的な音なのです。世界中の民族音楽に起きる現象です。

●進行する和音と進行する旋律

こういう現象を西洋的機能和声学のやりかたでわかろうとしても無理だろうと思います。実際の音の現象としてこれらが成り立って伝えられてきているという、その事実のほうが大事なのです。

では、どう説明すればいいのでしょうか。ここにあるメロディと和音が、同時に存在するための共通の要素がどこかにあるはずです。和音を見ましょう。この和音は進行していって、C音の上に形作られる和音に終結します。一方、メロディはどうでしょうか。このメロディも、C音にたどり着きます。これが解答でした。進行する和音と進行する旋律が同時に存在し、その両者は共にこのCという音を目指していたのです。

音楽はいつも動いています。その時にある断面を切って、そこに垂直に並んでいる音を調べて、これはこうなっていると説明できる音楽もあります。しかし、それでは絶対にわからない音楽もあるのです。

全然成り立ちの違うものが、同じ終結点を目指しているとすれば、その途中に偶然に起きた出来事を理解するには、その前後の時間の流れを視野に入れる水平的な考え方が必要であるということです。

この「ブルースのメロディ」は大変に強い性質を持っているので、和音の方がそれにしたがって変形されるということも起きます。例えば、こういう終わり方はあまりしません（弾く）。

譜例7

終わるならばこうとか、こうなることが多い。これに和音の方がしたがって、というか、そのまま許容して、こういうことになるわけです。

譜例8

譜例７

譜例８

譜例９

譜例10

あるいはこういう慣用句もあります。

譜例9

これを使ったのが、あの曲です。

演奏「ラプソディ・イン・ブルー」（譜例10）

長7度でぶつかる音をそのままに、ジョージ・ガーシュインはこの曲を作りました。もうその頃はこういう現象は当たり前のことになっていたのでしょう。この時代には、西洋音楽の歴史の上ではありとあらゆる近代現代和声が研究され尽くしています。ですから、どんな音が出てきても、それは誰それのやった和声の使い方にあるという説明ができないわけではありません。でも、そういう説明の仕方では、本当の成り立ちはわからないと思います。「ラプソディ・イン・ブルー」のブルーは「青」ではなく「ブルース」のブルーなのですから。

以上のようなことから、同じ到達点があれば、和音はそのままに、メロディは何でもいいという、拡大解釈ができます。このへんからは独断的でして、影響とは誤解である、という言葉とも呼応する、私特有の思い込みの世界に行くわけですが、つまり、ジャズのアドリブのスタンダードなやり方は和音の進行の上でやるのですが、その和音と機能的に一致しない音でも、ある共通の到達点が定まっていれば、出現していいのだということになります。そんなことを申し上げた後で、もう一度「スワニー河」を素材に、いろいろな弾き方をしてみましょう。

演奏「スワニー河」

自分の中で「スワニー河」をやっているんだという確信というか、その世界にいるんだという感覚さえあれば何をやってもよいと、私は思ってしまいます。限りなく個人主義になっていくわけです。特に共演者のいないピアノソロですから、その場でどんどん作曲をしていくという作業になるのです。究極的には、とにかくその場で即興曲を弾けばいいということになります。考えてみれば、こういう事が日常的に起きているのがジャズという音楽で、現在、そういう音楽のやり方をこのように強く残している音楽は他にありません。いかにジャズという音楽が貴重なものかの一例です。

●自分で法則を作ってもいい

一息入れて、ここでゲームをしてみましょう。さっきのレコードでタモリがバンドマンの数のいい方に触れていましたが、なぜか日本の音楽家は、ドを1、レを2、ミを3と呼ぶ癖がありますす。この言い方はクラシックから来たともいいますが、反射的に1はドだなと思ってしまうのです。ハーモニカの譜面はそうなっていたかもしれません。

ド	レ	ミ	ファ	ソ	ラ	シ	ド
C	D	E	F	G	A	H	C
ツェー	デー	イー	エフ	ゲー	アー	ハー	オクターブ
1	2	3	4	5	6	7	8

この表のように、ドレミファソが、CDEFG、ドイツ語読みで、ツェー、デー、エー、エフ、ゲー、となるのですが、紛らわしいので、Eのエーを英語読みでイーといってしまいます。次のラ、シ、はA、Hとドイツ語読みにもどります。上のCは特にオクターブと呼んで8の意味にします。9はナインとそのままいいます。実にでたらめですが慣れると言いやすい。

これでいくと、タモリがいっていたように、五千円はゲーセンになります。ゲーセン・デーヒャクは五千二百円です。オクターブ万・ナイン千は8万9千円ですね。「君はきょうの演奏駄目だったから、ツェーマン、ダウン」と言われると、ギャラが一万円ダウンされてしまうわけです。もっとも、最近の若いミュージシャンはこんなことはほとんどいいません。ひっくり返し言葉も使いません。「ヤノピ」とか「スーベ」などと口にすると、ほんとうの「チャンジー（じいちゃん、じじい）」になってしまいます。今の人たちはみんな、ピアノはピアノ、ジャズはジャズといいます。「ズージャ」などと言うのは、もう何かダサいというか、ほとんど戦前といいますか、そういう言葉つきがなくなったということと、今の人たちの演奏との相関関係はやはりあるのでしょうね。

というわけで、ではこの話をヒントに、今から曲を弾きます。何をヒントにしたのでしょうか。

ピアノ（譜例11）

今日はあまり面白いメロディにはなりませんでした。おわかりでしょうか。わかった方には最大の敬意を表します。実は、こういうテーマでした。ド、ミ、ド、ド。1、3、1、0、1、0、つまり平成13年の10月10日です。

ド　ミ　ド　□　ド　□

1　3　1　0　1　0

0は休符にしました。別の日だと別の音程が出てきます。作曲するときに、苦し紛れに、いろいろなヒントを求めますが、数字も使います。自分の名前をアルファベットにして、その番号を音程にしてなどとやってみるのです。これは全然使い物になりませんでしたが。名前で有名なのはバッハです。BACH（シ♭ラドシ♮）でフーガがあったと思います。この音列を冒頭に使っ

譜例11

譜例12

譜例13

てセロニアス・モンクは「ブリリアント・コーナーズ」という曲を作りました。

さて、ではまたここで演奏タイムにいたしましょう。

どなたもご存知の、中山晋平の「砂山」です。昔フリージャズ・トリオでよくやっていたのですが、最近またソロピアノで復活しました。「砂山」のメロディに出てくる音程の順番はそのままにして、音のグルーピングを変えて自分の曲のようにしました。

もとの音のつながりは「砂山」です。

演奏（譜例12・13）

限りなく自分勝手ですが、私の中ではコンセプトといいますか、情景がはっきりしていて、日本海の荒波として、低音を弾きます。もう荒波ですから、ヒジで打とうと何をしようといい。それから一転、高音で鳥の声をやります。なんとなく歌詞に沿っているつもりです。この二つの音域を想定しておいて、何でもありという風にやっているわけです。最後はテーマに戻るというのはお約束でした。

ジャズの一方法としてのソロピアノにもいろいろなやり方がありますが、私のはなるべく自分勝手という方向に行くようです。

●演奏のかけひき

さて、この限りなくわがままなソロばかりではなく、相棒たちと一緒にやる音楽というのもありますので、次にそれをお聞きください。最初は、「FOR DAVID'S SAKE」というタイトルをつけた曲で、ベースがセシル・マクビー、ドラムスがフェローン・アクラフです。ここ十年以上一緒にやっているニューヨークのプレーヤーたちです。テナーサックスはラヴィ・コルトレーンで、彼はジョン・コルトレーンの息子です。

この曲は普通のいわゆる4ビートです。1小節ごとに［1、2、3、4］［2、2、3、4］と数えられます。十二小節で一つの単位になっていて、その中で和音の進行が十二小節単位で繰り返されます。繰り返しながら、番に当たった人がその場でメロディを作っていく、つまりソロを取る、ということをやるわけです。ソロを取るのは普通は管楽器、それからピアノです。この場合はベースもやり、それからドラムと管楽器、ピアノが4小節ずつのやり取りをします。

ドラム、ベース、ピアノをリズムセクションといいますが、それぞれに管楽器の伴奏をしながら、相手がこういうことをしたら、とっさにこういう合いの手を入れる、というようなことをやります。このへんの即興性や合いの手の楽しみ方には、日本のお神楽の音楽とどこか共通性があるのではないかと、最近思うようになりました。世界で一番ジャズのレコードが売れるのは日本だという話があって、日本人は戦前からなぜかジャズが好きです。これは、その場でやる当意即妙といったものを好む性質があるからでしょうか。このへん、ぜひいろいろと知りたいところです。

譜例14

A
F7 A♭7 G♭7 A7 C7 C7
G♭7 B7 B♭7 B7 B♭7 B7
B♭7 B7 B♭7 B7
To Coda
B
F7 A♭7 G♭7 A7 C7 E♭7 G♭7 B7 B♭7 B7
B♭7 B7 G7 G♭7 A7 C7 E♭7 G♭7 A7 C7 E♭7
Coda
C7 E♭7 F7

では、「FOR DAVID'S SAKE」をお聴きください。

レコード「FOR DAVID'S SAKE」（譜例14）

今十二小節の繰り返しのテーマが終わって、ここからテナーサックスがアドリブソロを始めます。その時に普例14Bのコード進行を使います。テナーサックスが好きなだけソロをやって、とはいっても、実はレコーディングですから本当に好きなだけというわけではありませんが、それからピアノに移りました。その受け渡しは、必ずしも十二小節の単位が終わったところで次の人が次の一小節目からやるとは限りません。むしろ、余韻のようなものをやりながら、次の人の場所にはみ出してくることの方が多いのです。例えば今の演奏では四小節ぐらい入り込んで終わりましたから、そのまま次の五小節目から、私が引き継いでやっていくわけです。

これを聞きながら1、2、3、4と数えられると、大変楽しく聞くことができます。でもいかがですか。あんまりちゃんと1、2、3、4と聞こえませんよね。ベースを聞いていると大体1、2、3とやっていますが、ジャズの場合、メロディもリズムも、伴奏のピアノの和音も、1だの2だのと、ビートの頭でちゃんと弾くことはめったにありません。ンタとか、ンタンタ、スタッタッタとかいって、わざとずらします。1をもろに弾くのはかえってよくないという美意識があるのかもしれません。このへんもお神楽を連想するのですが。

ですから、ドラムの人も、1、2、3、4、はい、ここは1ですよ、ドーンと叩いてくれる場合もありますが、大体は、1、2、3、……4で叩いてきたり、1、2、3、4ダンと裏にきたり、1、2、3、4ダンと裏にきて、今度は次の小節の2拍目にドシンと入れてみたり、あるいは、3拍フレーズというものを続けて、もとのリズムとのずれを楽しんだり、そういうことを全部わかりながら、皆でやっているわけです。そこに一度参加して、あ、これをやってるんだなとわかると、聞く方も一層面白いでしょう。演奏者同士のやりとりは、会話でもあり、ボディコンタクトのようなものでもあるのですが、それを見届けて楽しめると、ますますジャズのとりこになってもらえるのではないかと思います。

●フリージャズにも決まりはある

次の演奏は少しタイプの違うもので、これはどちらかというと、私が長年やってきたいわゆるフリージャズの分野に属します。これは小節やコード進行の単位を皆の目安にするということをやめてしまったやり方です。先ほどの「砂山」を、トリオでやったらどうなるかという例だと思ってくだされればよいかもしれません。

なるべく決まりは無しにして、何でもいいから好きにやろうというわけで、究極的には、私が勝手に弾き出したら、他の人たちも勝手にそれにつけて、どうなるかというのが実は一番面白いし、それはいつでもできます。

ここでやっているのは、それのもう少し制限のある場合で、リズムのテーマを一つ決めておこうというものです。このリズムが出たら、次はこういうことをみんなでやる、ということだけは決めておいて、どこか全体に音楽のまとまり感をとどめておこうというものです。そういう決まった合図やきっかけが多ければ多いほど、自由度の少ない音楽になるといえるかもしれません。ところで、何も決めないでやる、いわば、究極のフリー演奏がどうなるか、私は結構実験しました。子供たちにやらせてみたり、音楽家ではない友達が何人か来たときにも、笛やピアノやそこらのもので音を出してもらって、どうなるんだろうと思って見ていました。これにはいろいろな例がありました。

やはり一つのリズムに収束していくことが多いです。ドンドンドンドンっていうようなものが出てくると、今まで好き勝手にやっていたのが、すっとそこに合わせていく。といって終わるというのはまた別で、音楽家でない人はなかなか終われないのです。いつまでもやっている。終われないというより終わらない。何もうまく終わる必要はないわけです。音楽家つまりプロは、どこか形作って終わろうとする意識があるのでしょう。かえって不自由だとも考えられる。一晩中太鼓を叩いて、踊りたくなれば踊り、笛を吹きたくなれば吹き、というのが、本当は一番楽しい究極の音楽ではないかと思えてきます。

では、少し仕掛けのあるフリージャズの演奏です。先ほど申しあげたリズム・セクションのメンバーのトリオで、「BRICK BUSTERS」というタイトルの曲をやっています。

レコード「BRICK BUSTERS」（譜例15）

譜例15

最初はいきなり皆勝手に出ますが、やがてドラムの合図で「タカタタン、タカタタカタ、タカタタン、タカタタン、タンタン、タカタ」というリズムを一緒に演奏します。これは音程はどうでもよいのです。自分の弾きやすい音程でやるとピアノはああなりました。ドラムの合図は「タカタタン、タン」というものです。それが出たら皆で次を合わせようというのが唯一の決まりです。

全体を今聞いておどろいたのですが、ドラムのソロの終わりから皆が入るところは、わかりやすかったのですが、その前のドラムのソロに行くときに一緒にやったところは、どうしていきなり合ったのか、今聞いていてもわかりませんでした。あうんの呼吸というか、実は合図が出ているのです。演奏中のその瞬間だけはそれがわかります。やっている時のほうが神経が研ぎ澄まされているのです。こうして時間をおいて聞くと、もう自分も傍観者ですから、そこまで研ぎ澄まされた神経では聞いていないということを発見しました。

ここまでいろいろ聞いていただきました。とりとめのないお話でしたが、少しはジャズの面白さ、現場で何が起きているのかを垣間見ていただけたのであれば嬉しいです。この後、皆さまがジャズを聞いたときに、あ、これはこうなっているのだな、と何か一つでも思い出してくだされば本望です。「そうだ、ジャズには変な音があっていいのだ」でも結構です。

●「北条時宗」のピアノ

それでは最後に、少し和んでいただきましょう。これは私のソロピアノの中でも、もっともテレビで流された機会の多いもので、NHKの大河ドラマ「北条時宗」からのものです。あの本編が終わって、予告編も済んでから、「時宗紀行」というゆかりの地紹介のコーナーがあります。景色が映りナレーションが入って曰く因縁が語られるのですが、その後ろでピラピラと鳴っているのが私のピアノです。妙に大きく名前が出るのでだんだんバレてきて、「あれはお前だろう」というので、最近はよくコンサートでも事前にリクエストされます。

あのドラマのすばらしく印象的なテーマ曲を書いたのは作曲家・編曲家の栗山和樹さんです。栗山さんには、二〇〇〇年一月に発表したピアノ・コンチェルトのオーケストレーションをお願いしました。以前から私のソロピアノを認めてくれていた人で、そのような関係で、栗山さんの作ったテーマをピアノ・バージョンで弾くということが実現しました。

あそこでの演奏時間は一分二十六秒と決まっていて、普通に弾いたのと、変に弾いたのと、どちらでもないのと、三パターン録りました。それが景色に合わせて、随時使われているようです。マニアの人は、この間はどのバージョンだったなどと言い当てて喜んでいるようですが、私自身が今ではどういう風に弾いたのかよく覚えていません。今日は折角ですから、すべてのパターンを取り入れて、一分二十六秒より長くやらせていただきます。では、栗山和樹作曲「北条時宗」

のテーマ、これは「蒼風」というタイトルがついています。それのピアノ・バージョンです。

演奏「蒼風」

ヒトの設計図ゲノムの謎解き

清水信義

清水信義（しみず　のぶよし）

一九四一（昭和十六）年、大阪府に生まれる。一九七〇年、名古屋大学大学院理学研究科博士課程満了、アリゾナ大学分子細胞生物学科教授を経て、八三年より慶應義塾大学医学部分子生物学教授。他に慶應義塾大学Kスクエアタウンキャンパス生命科学センター長などを兼任。日本分子生物学会、癌学会その他の学会評議員、Human Genome Variation Society 理事などを務める。著書に『ヒトゲノム計画の虚と実』『ヒトゲノム＝生命の設計図を読む』など多数。

●ゲノムとは何か

ヒトゲノム計画という国際プロジェクトは十年前からスタートしています。ゲノムというのは遺伝学で使う言葉で、基本的には生命の設計図のことをいいます。ヒトゲノムはヒトの設計図です。図1に示しているように、人間は約六〇兆個という膨大な数の細胞からでき上がっています。その六〇兆個の細胞の一個一個の中心に核と呼ばれる部分があって、その核にいわゆる染色体という構造があるのです。染色体は、長いひも状の分子、DNAで基本的にはできています。

ゲノム genome という語は、chromosome（染色体）とその上に乗っている gene（遺伝子）の二語を合成したものです。この染色体を構成するDNAに膨大な化学の文字によるメッセージが含まれていますが、ヒトゲノム計画はそれを解読する試みです。一番の目標は遺伝子を探すことです。

遺伝子はおおむねタンパク質という分子をつくって、たんぱく質がお互いに作用しあって、細胞の営み、生理作用、あるいは体全体の生命の営みをしています。ひも状のDNAは二本の鎖か

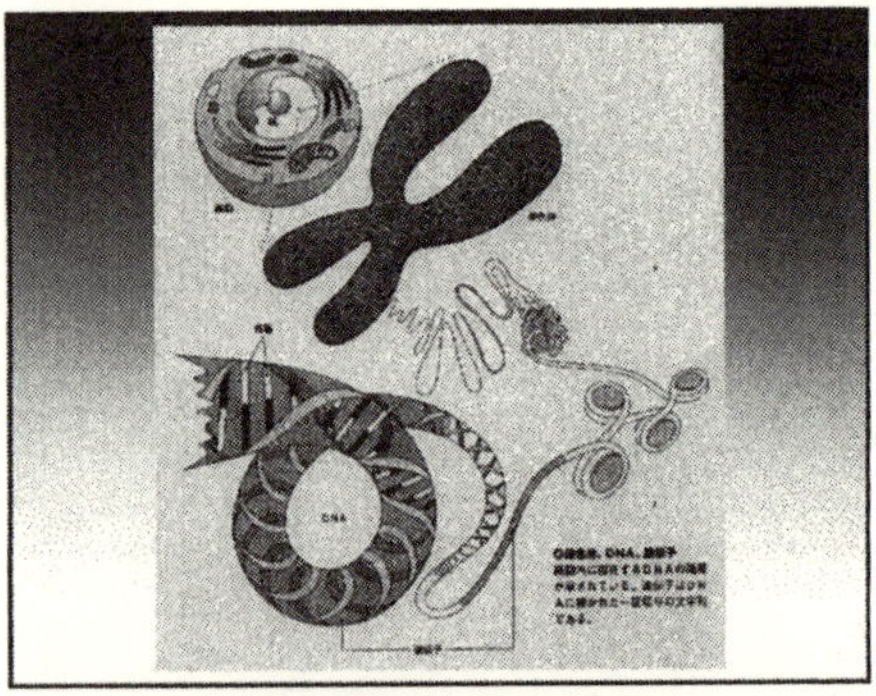

図１　細胞、染色体、ＤＮＡと遺伝子

図２　二重らせんモデル(左端)ワトソン博士と筆者

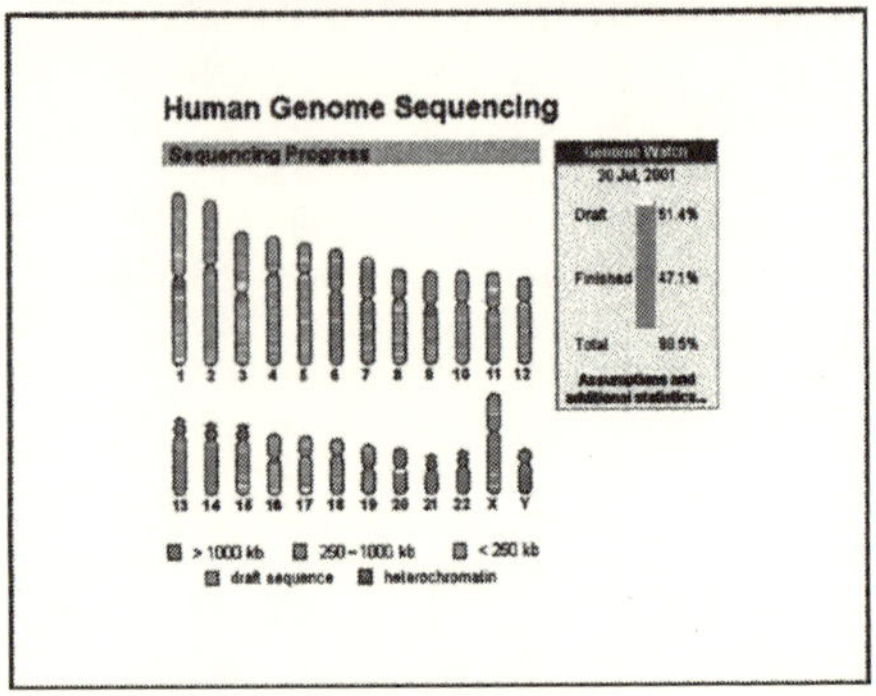

図３　ヒト染色体の解読状況

らできていて二重らせん構造をしています（図2）。

らせん状のひもに階段のステップのようなものがありますが、これがまさしく化学の文字で、A、G、C、Tというわずか四種類の文字を組み合わせて情報をつくり上げています。六〇兆個の細胞の一個一個に三〇億のA、G、C、Tという文字列があって、そこから遺伝子の情報を出しているのです。これはワトソン＝クリックの二重らせんモデルで、四八年前に報告があったわけです。

人間の細胞の核の中には、染色体が二三対、四六本入っています。対というのは、一本は父親から、もう一本は母親からもらうわけで、二三対の内訳は1番から22番と、X、Yと呼ばれている染色体です（図3）。XYとなっている人は男性で、XXとなっている人が女性です。こういう染色体が持つ情報が、文字で言えば、三〇億のA、G、C、Tです。

●22番、21番染色体の解読の成功

三〇億の文字の並びを決定してその意味を読み取るというのは、生物学、あるいは生命科学の中でとてつもなく膨大なプロジェクトです。それが一〇年前に国際協力でスタートし、その最初の成果として、一九九九年一二月に22番染色体が、一本丸ごと解読できました。

図4はそれを発表した雑誌の表紙です。もし神が人間をおつくりになったとすれば、その設計図の一部分でもかいま見たということで、ミケランジェロの天地創造の壁画、アダムが神から命を授けられた瞬間に相当すると例えられたわけです。雑誌の表紙では夜空の星のような模様も画

かれていますけれども、これは私のチームが出した解析データのコンピューター画像に擬似カラーをつけたものです。

この22番染色体は、三四〇〇万のA、G、C、Tの文字列を決めて、そこから五四五個の遺伝子を発見しました。ショッピングセンターのバーコードのように画かれていますが(図5)、縞模様の一個一個が遺伝子だと思ってください。二列に並んでいるのは、二重らせんの片方の鎖に並んでいる遺伝子と反対の鎖に並んでいる遺伝子があるということです。

これはイギリスとアメリカ、そして慶應の合計五チームでやりましたが、その半年後には日独のチーム、日本の慶應と理化学研究所のチーム、ドイツの三チーム、合わせて五チームで21番染色体も解読しました。図6のように細かい図が出てきますので、こういう世界で研究をしているのだということがわかっていただければいいと思います。

21番染色体は、三四〇〇万のA、G、C、Tの文字列を決めて二二五個の遺伝子を発見したのです。この二つの染色体には同じ数の文字列があったわけですが、そこに存在する遺伝子は数が倍ぐらい違います。要するに、遺伝子の分布が非常に偏りがあることも、当時においては新しい発見でした。

●全ゲノムの解読

今年(二〇〇一年)の二月に、三〇億の文字列の大ざっぱな決定を行なってヒトゲノム全体の遺伝子を数えました。我々のチームももちろん発表に参加しています。遺伝子の数は三万二〇〇

図4　世界初、22番染色体の解読完了(Nature の表紙)

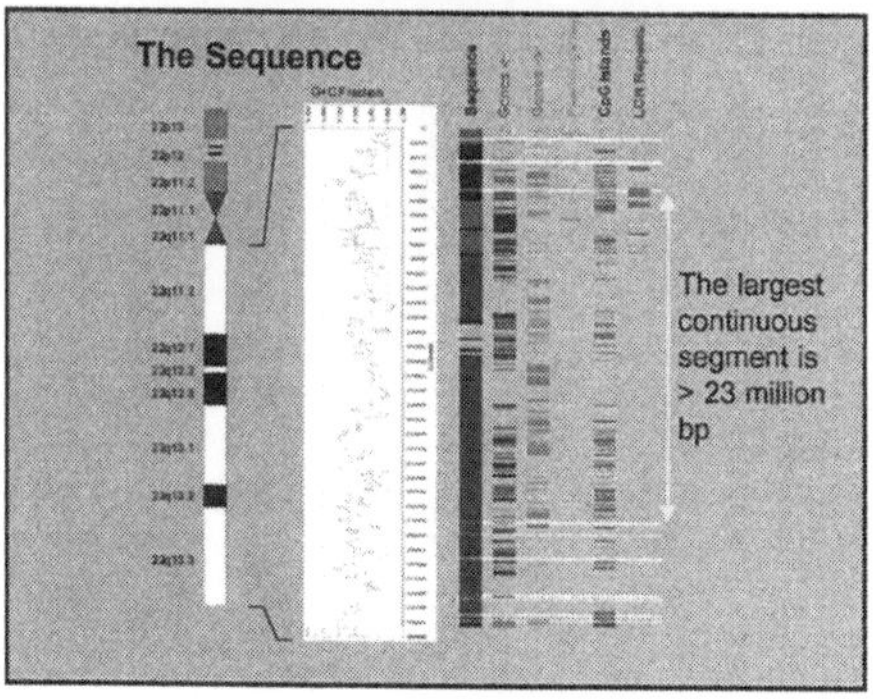

図5　22番染色体の解読結果(右から4列5列目の縞模様が545個の遺伝子)

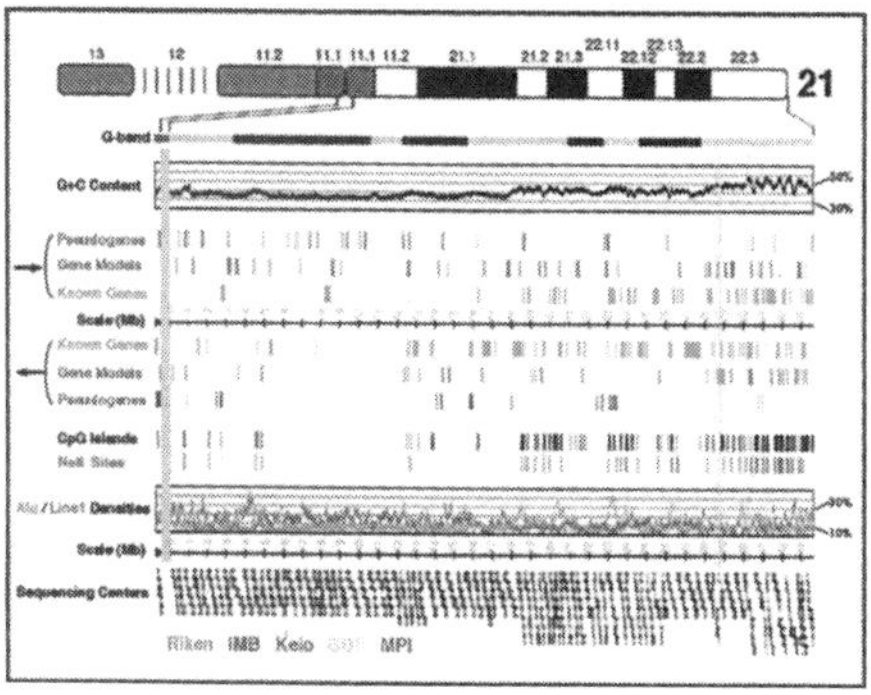

図6　21番染色体の解読結果(中央部分に225個の遺伝子)

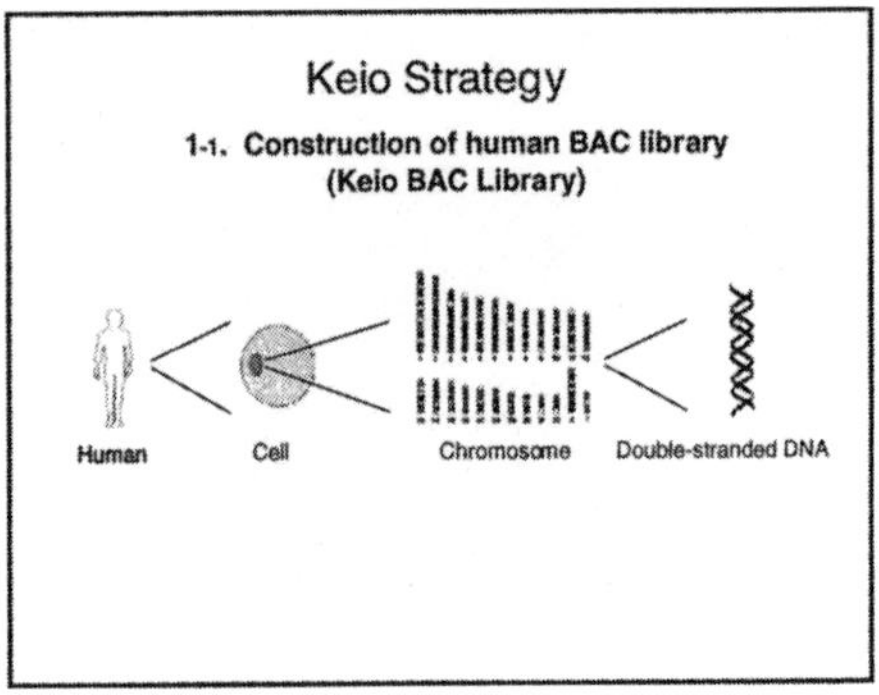

図７　ヒトゲノム解読の戦略

〇余りでした。この数字はメディアでずいぶん議論の的になりました。というのは、我々研究者はこの一〇年間、人間の遺伝子は一〇万種類ぐらいだと根拠があって言ってきたのです。それが二月の発表のときは、どう数えても三万二〇〇〇個余りしかなかった。とりあえずの数ではありますが、あまりにも少ないのではないかとメディアは指摘したのです。

また、ショウジョウバエという果物にたかるハエがいますが、このハエの遺伝子は別の研究グループが一万五〇〇〇ぐらいと数えているのです。人間がハエの二・五倍足らずの数の遺伝子で大丈夫なのかということもありました。

人間は六〇兆個の細胞でできている生き物で、ハエは二〇〇万個ぐらいの細胞でできている生き物です。いずれにしても、三万二〇〇〇個という数字でも心配はありません。我々は人間としてちゃんとそれを保存しているし、研究も実際にはまだ完全解読までいっていません。今も刻々と、コンピューターによって文字列をきちんと決めてよく調べてみたら、数は少し増えつつあります。一〇万個に到達するかどうかはまだよくわかりませんが、この遺伝子からつくられるタンパク質、あるいはそれをつくる分子的なメカニズムは、ハエの細胞と人間の細胞がやっているのとは随分違うということもわかってきました。

●解読のための材料の準備

私の慶應義塾大学医学部のゲノム解読チームは、去年（二〇〇〇年）五月に新川崎にできたタウンキャンパスのライフサイエンスセンターで、ハイテクロボットやコンピューターを駆使して解読をやってきました。そこから今お話ししたような成果が出たのです。それでは、どういうふうに人間の染色体のDNAの文字列を決めていくかということを、簡単に解説します。

ヒトの体は六〇兆個の細胞からできています。核の中に染色体があります。我々は比較的小さい染色体を選んでスタートしました。染色体を構成している本質的な物質は二重らせんのDNAです（図7）。二重らせんの端からA、G、C、Tというふうに読んでいく技術はありません。実際にはDNAをばらばらにするのです。

図8には染色体の残骸が見えますが、この一個の染色体からゆっくりほぐれてくるDNAのひもというのは、じつに長大なものです。一本のひもですから両端があるわけで、四六本の染色体から出てくる四六本のDNAのひもの両端を結んでいくとその全長は二メートルになります。一個の細胞は二メートルのひもを見事にコンパクトにおさめているのです。人間一人のDNAのひもの長さとなると、細胞が六〇兆個ありますから、一二〇兆メートルにもなります。これは地球と太陽系の惑星で一番遠い冥王星まで数回往復できるぐらいの長さです。

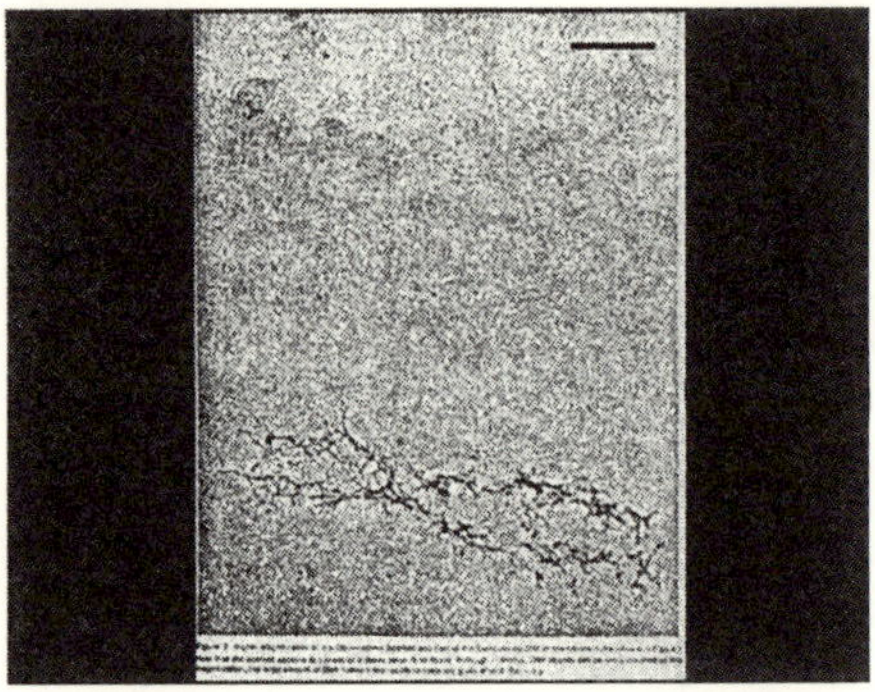

図８　染色体からのひも状ＤＮＡの電子顕微鏡写真

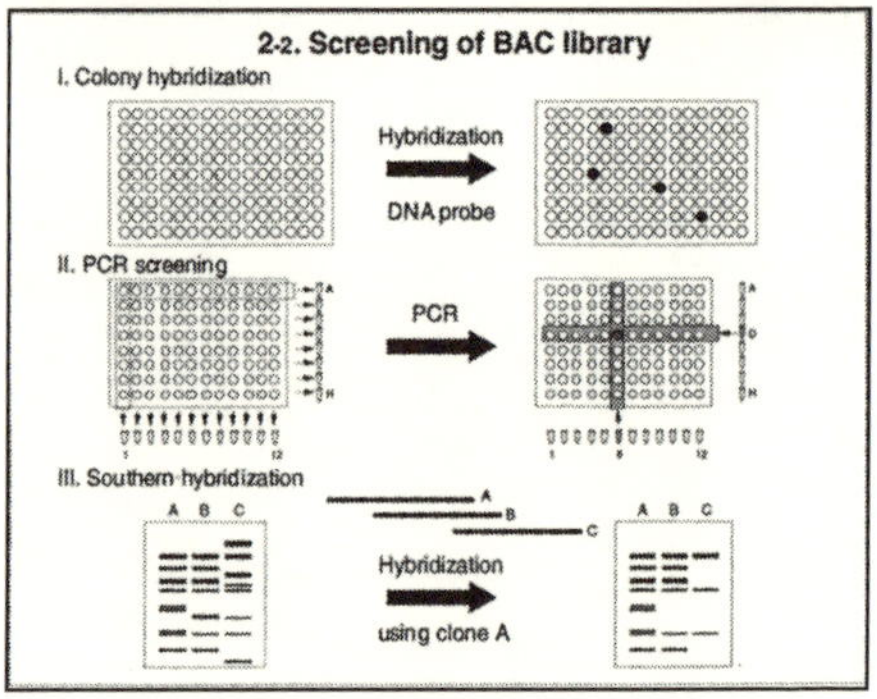

図９　ＤＮＡ断片クローンのスクリーニング

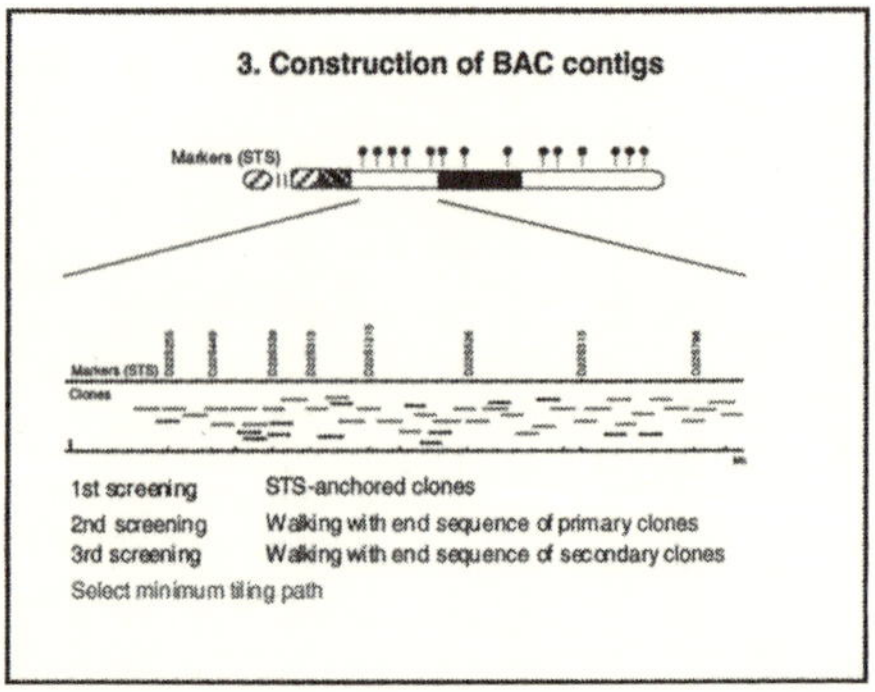

図10　ＤＮＡクローン断片の整列

人間はＤＮＡのひもまみれの生き物だといってもいいと思います。このひものある区切りが一個の遺伝子です。文字列であれば、それに句読点を打っていくのが遺伝子探しの基本です。

あまりにも長いひも、膨大な文字列ですから、まずこれを適当な長さに切っていきます。別にはさみで切るわけでなくて、分子生物学的な手法でこれを扱いやすいサイズに切るのです。次に、切った人間のＤＮＡ断片をいわゆるベクターに組み込んで、それをバクテリアの中に導入したクローンをたくさん拾います。数十万のクローンを目で見て欲しいものをとるのですが、大学院生にやってくれと言ってもやりません。ロボットにやらせれば、素直に一晩中でもやってくれます。そうして拾ったクローンを整理し、パッケージにして材料が完備します。

●膨大な文字列から遺伝子を探す

仮に一人の人間のゲノムを丸ごと解読できるとすれば、我々が使っている手法では二〇万～三〇万個の断片が必要になります。それをストックすれば、約一立方メートルぐらいになり、大容量のフリーザーが必要です。

このように染色体ＤＮＡをばらばらにしておいて文字列を決めるのですが、ＤＮＡ断片は端から端までもとどおりにあったように整列しないといけません。二〇万～三〇万個の断片の中から、自分の欲しいものをある目印を頼りに並べていくのです。素早くやらないと、何年かかるかわからない作業ですから、画期的な手法を若い研究者たちが開発しながら並べていくのです。

ジグソーパズルを解くようなことをまずやって、一定の整列クローンができれば、Ａ、Ｇ、Ｃ、

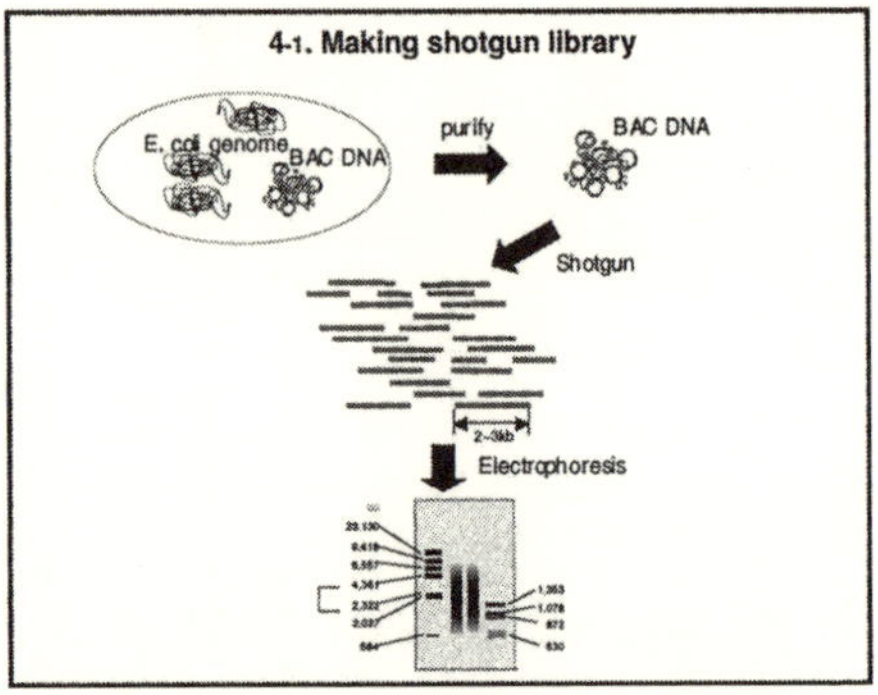

図11　ＢＡＣ ＤＮＡからのショットガンライブラリーの作成

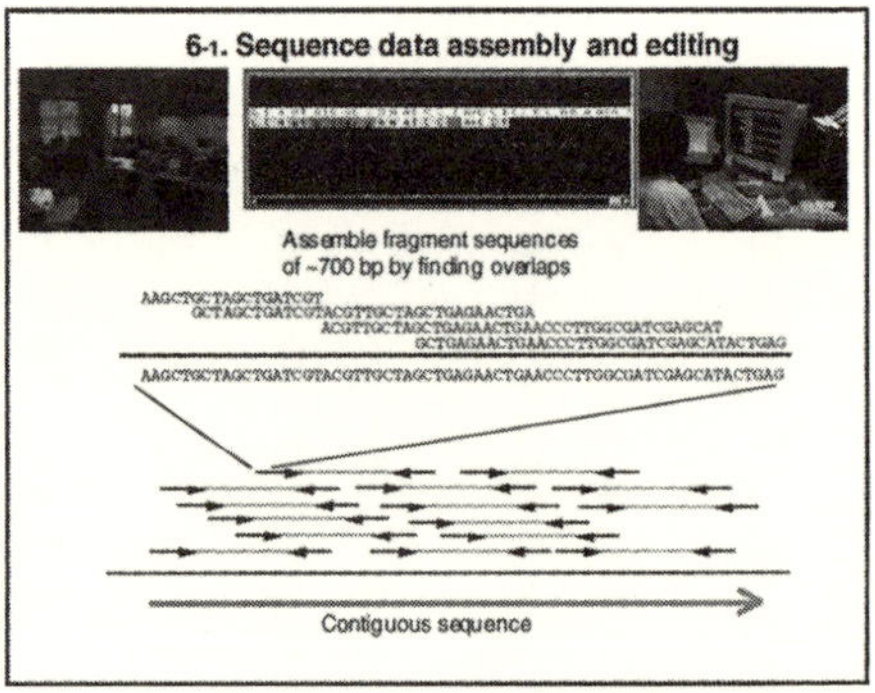

図12　ＤＮＡシーケンスの決定と編集

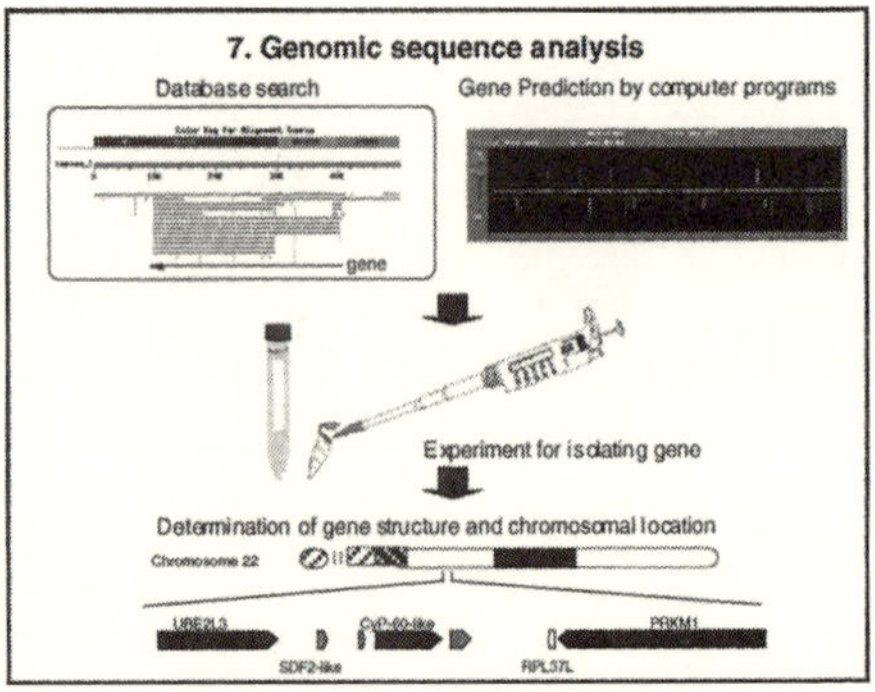

図13　ゲノムＤＮＡシーケンスのコンピューターによる解読および実験による証明

Tの文字を決めるのにふさわしい断片を選び取って、次は、これをある手法でさらに細かくして二〇〇〇文字ぐらいの断片にします。

二〇〇〇文字ぐらいのDNA断片にすると、文字列を決めるためのハイテクマシン、DNAシーケンサーにかけることができます。その間、大量のDNAサンプルを用意しますが、ここにたくさんの自動化マシンが活躍します。ゲノム研究というのはいわば、遺伝学、生物学の世界ですが、IT革命と一緒に進んできた最先端の生命科学だということでもあります。

さて、DNAシーケンサーにかければ、初めてDNAが持っている文字列を教えてくれるのです。一つのサンプルで解読できるのは七〇〇文字ぐらいですので、この七〇〇文字をたくさんコンピューターにため込んで、ある種のプログラムを使ってより長い文字につないでいきます。そして一〇〇万文字ぐらいになると、その中にいわゆる遺伝子が見つかるのです。

一〇〇万文字というのがどれぐらい膨大な文字かというと、吉川英治の『宮本武蔵』が全巻合わせても八〇万文字です。それより多いのです。

まさにロゼッタストーンに刻まれた古代エジプト人からのメッセージを読む思いで、三四〇〇万の塩基配列の中にどのような遺伝子が秘められているか解読しようとしました。

文字列というのは、いくら眺めていても、ここから遺伝子一個、その次は、というわけにはいきません。ちなみに、A4サイズの紙にこの文字を打つとすると、一枚に四〇〇〇文字ぐらい入りますから、一〇〇万文字では二五〇ページになります。21番・22番染色体の三四〇〇万文字はその三四倍ですし、細胞一個に含まれる三〇億文字になると、プリントアウトして積み上げると七五メートルぐらいの高さになります。それほど大量の情報ですが、コンピューターでは、コンパクトに扱えます。ここでもITの利用は不可欠だったわけです。

この大量の文字から遺伝子を探します。これもまた、いろいろなコンピュータープログラムを使って、遺伝子の文字列を探していくのです。プログラムは、人間がそのときに知っている知識から法則性を見出してつくるわけですから、完璧ということはありえません。情報が増えると同時にプログラム自身も進化して、遺伝子探しがより完璧なものになるのです。コンピューターはうそはつきませんが、答は必ずしもいつも正確というわけではないのです。

そこで生物学的、遺伝学的に見て正解かどうかを実験をして、22番染色体の上に遺伝子が、こっち向きのと反対向きのが五四五個存在すると確かめるのです（図14）。遺伝子というのは、文字列の数でいえば、随分大きさがまちまちです。

●タンパク質をつくる仕組み

細胞の核の中に染色体があり、その成分のDNAが文字情報を持っている。文字列の一つの区切りを遺伝子という、ということがわかりました。

この遺伝子は、細胞の中でメッセンジャーRNAという別の分子に写しとられて、最終的にタンパク質に変換されていきます（図15）。遺伝子からメッセンジャーRNA、それからタンパク質という基本的な道筋は、大腸菌も人間も同じことをやっているのです。しかしその仕組みは、人間のほうがはるかに複雑で、巧妙であるという違いはあります。

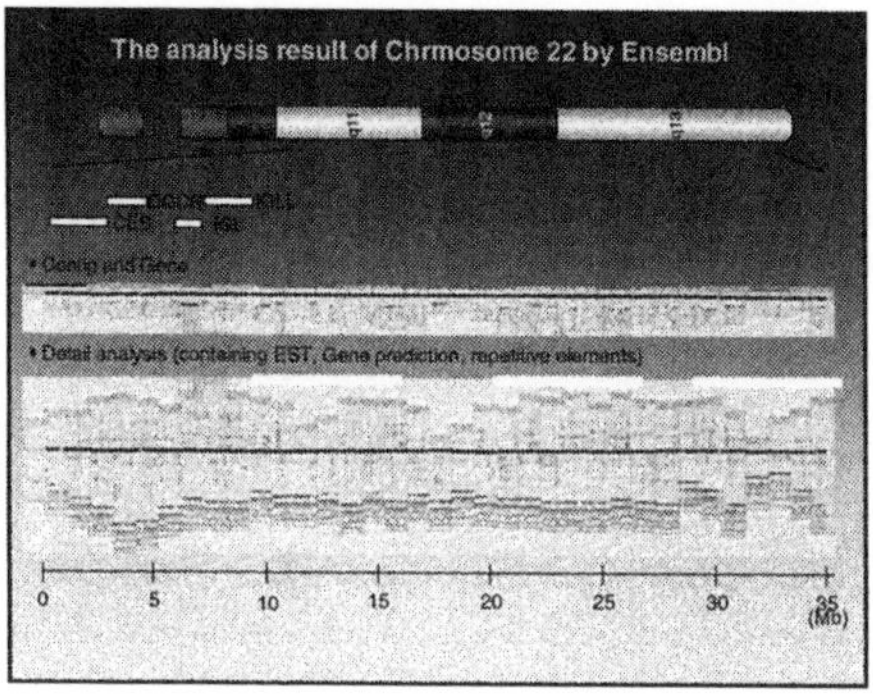

図14　22番染色体にある545個の遺伝子の鳥瞰図

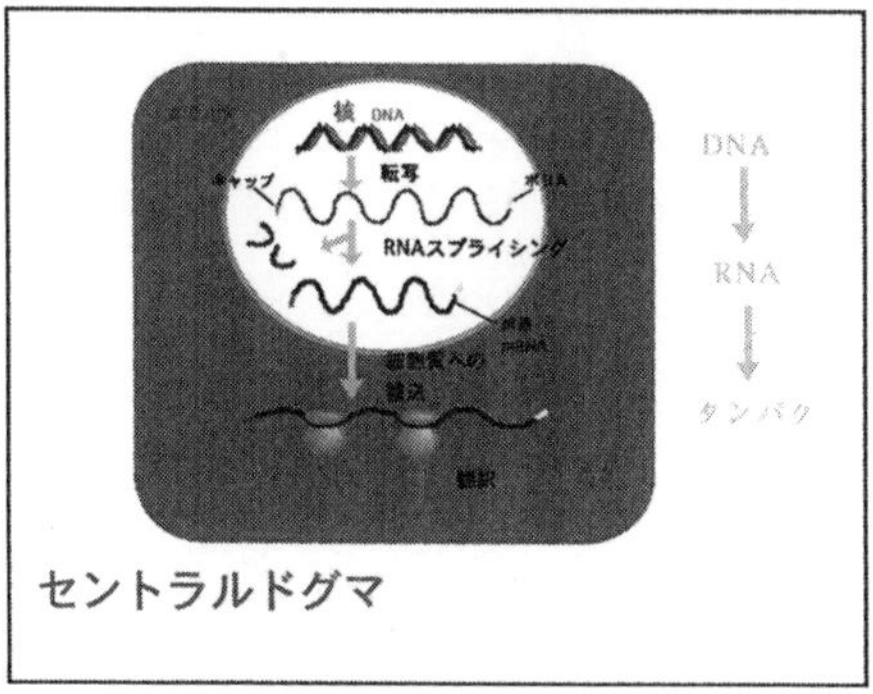

図15　生物に共通な遺伝情報の流れ(セントラルドグマ)

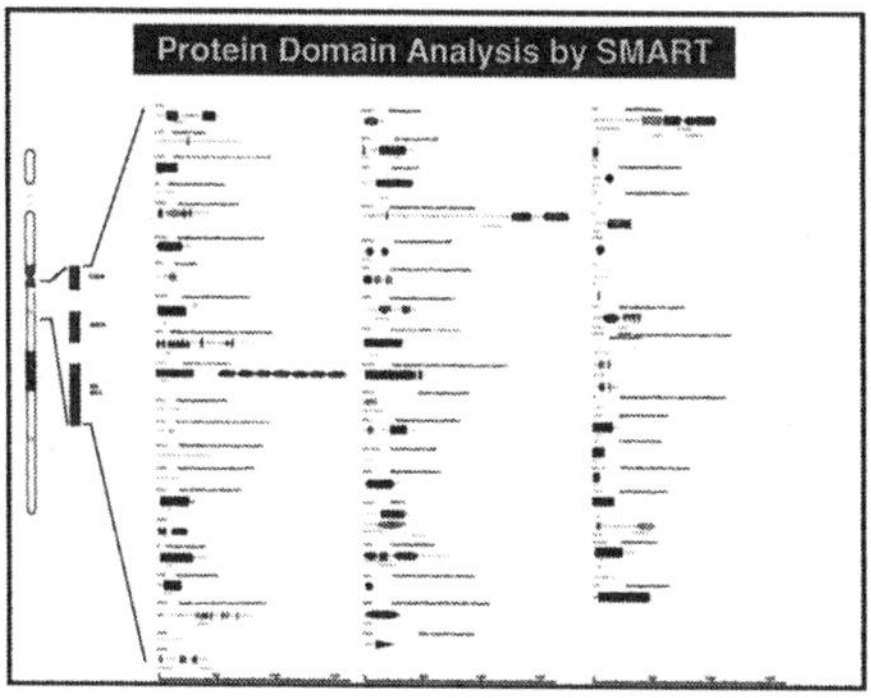

図16　タンパク質のドメイン

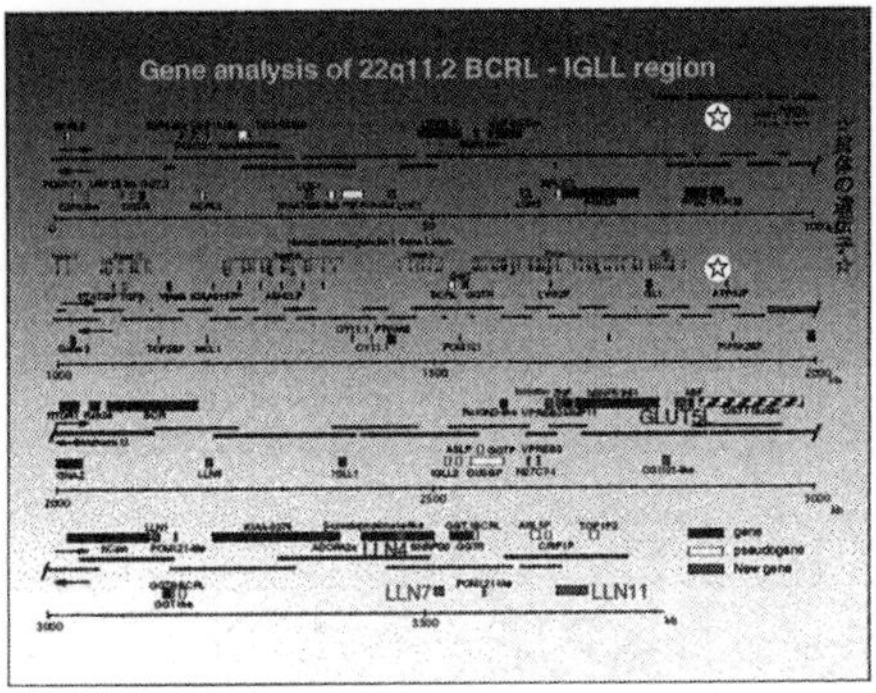

図17　400万文字の中にある150個余りの遺伝子、特に☆印の間に136個の小さな抗体の遺伝子が並んでいる

遺伝子からつくられるタンパク質はアミノ酸の並びです。Ａ、Ｇ、Ｃ、Ｔの並びをアミノ酸の並びに変換することができます。それには遺伝暗号を使うのですが、そうすると、一個一個の遺伝子がつくるタンパク質の構造をある程度コンピューター上で推測することができます。

アミノ酸の並びは、タンパク質によって特徴がある、あるいは共通の並びを持っています。ドメインというのですが、五四五個の遺伝子がつくるタンパク質は一五〇個ぐらいのドメインからできていたのです（図16）。言いかえれば、限られたドメインをうまく組み合わせることによって、複雑なタンパク質をつくり上げているわけです。それは遺伝子のレベルでＤＮＡの文字の組みかえが、長い進化の過程を経て行なわれてきたのです。

人間が持っているタンパク質がわかったので、このドメインを組みかえて、人工的にタンパク質をつくることも、デザインできるわけです。

●抗体とにせ遺伝子

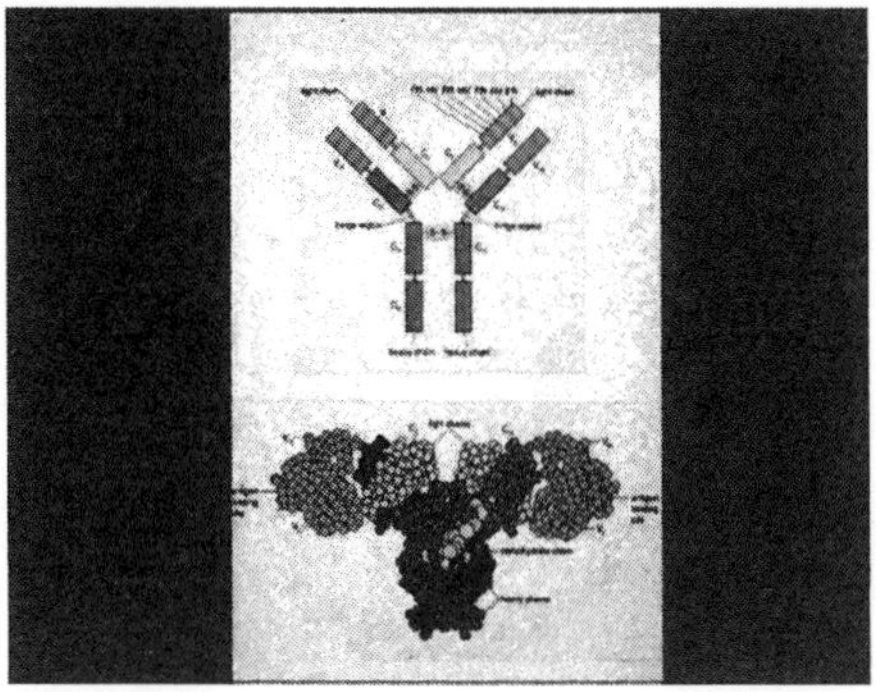

図18　免疫グロブリン（抗体）の構造

図17は上から下まで四〇〇万文字ぐらいの文字列に存在する遺伝子ですが、ここに非常に小さいはけで書いたような遺伝子が百数十個あります。これは抗体というタンパク質をつくる遺伝子です。人間がウイルスとか病原菌に侵されたときに免疫という仕組みが働き始めますけれども、免疫反応の中で重要なのは抗体というタンパク質をつくることです（図18）。この抗体は抗原を認識してそれを中和することによって防御します。抗体をつくるのはリンパ球の中でもBリンパ球という細胞ですが、その中にこういう遺伝子が活躍しているのです。

この百数十個の文字列をさらに細かく見ていくと、刺激を受けたときに働いて抗体をつくっている遺伝子は三六個であって、残りの一〇〇個ぐらいはにせ遺伝子なのです。にせ遺伝子というのは、今では働けない遺伝子です。

どうしてそれが残っているかというと、進化的に、遠い祖先から人間になってくる過程で、あるタンパク質をつくる遺伝子のコピーがつくられるのですが、そのときに文字が少し変われば、少し違うタンパク質ができるということを繰り返

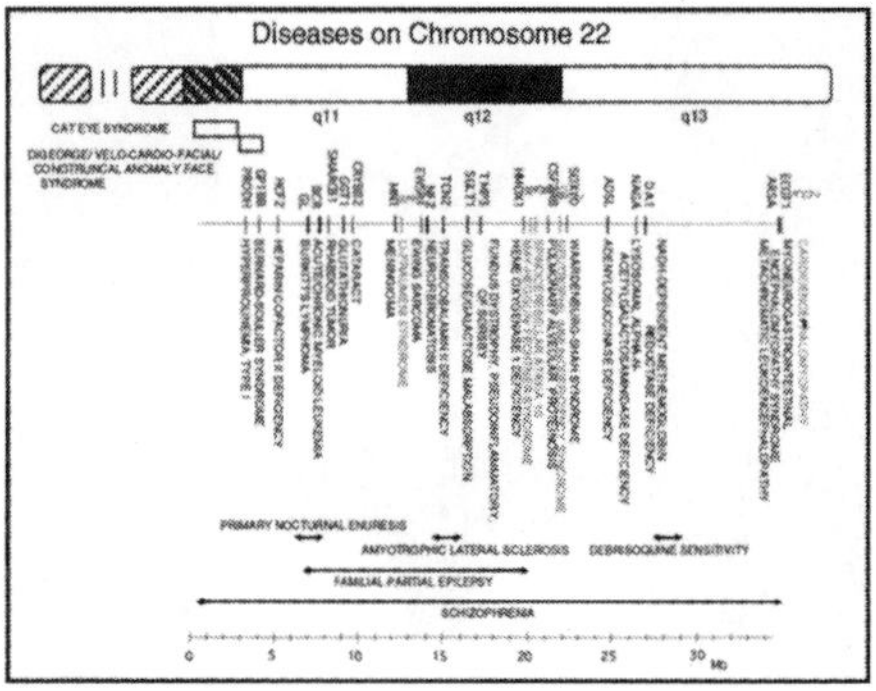

図19　22番染色体にある疾患原因遺伝子

して、似て非なる遺伝子を増やしてきたのです。そこにコピーをし損なって、本来の遺伝子の機能を失うような形のものが出てくるのです。

　こういう抗体タンパクの遺伝子がわかってくると、抗体を人工的に遺伝子組みかえ技術でつくり上げることが可能になってきます。我々はたくさんの外来物質に攻撃されるわけですけれども、すべてをブロックするような人工抗体ライブラリーをつくることができます。これはほぼ完成というところに来ています。

●遺伝子が傷ついて発症する病気がある

　22番染色体の場合には五四五個の遺伝子がわかったわけですが、遺伝子の中には病気の発症と関係しているものがあります。強調しておきたいのは、三万二〇〇〇個と言われている遺伝子はすべて、我々の体の中で健康を維持するために必要な遺伝子です。その遺伝子に傷がつく、いわゆる突然変異で文字列が変化すると、正常なタンパク質がつくられないためにある種の臨床症状が出る、つまり病気が発症するのです。

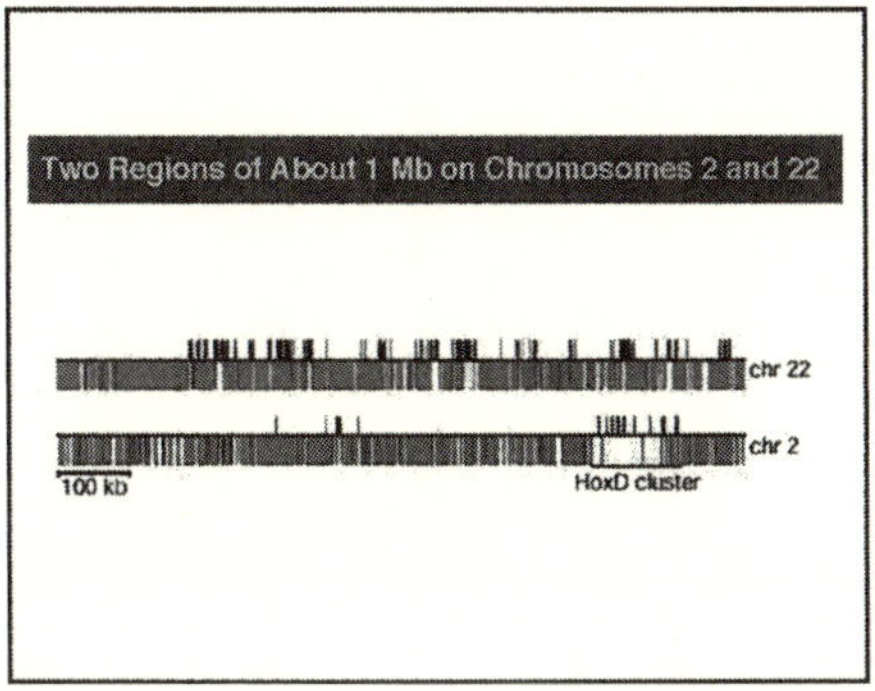

図20　タンパク質をつくるための遺伝暗号は全体のわずか５％(刷毛状の部分)

そういうものがいくつか知られています。

人間の一生の間にだれにでも起こりうる病気も多いのですが、家族性の、家族で伝えられるものは、遺伝病といいますが、そういうものも五〇〇〇種類ぐらいわかっています。

22番染色体からは約二ダース、そういうたぐいの遺伝子が発見されました。白血病に関係する遺伝子、リンパ腫に関係する遺伝子、あるいは血液成分の欠損症というようなものもこういう形で明らかになってきています（図19）。

●タンパク質をつくるための文字列は五パーセント

三万二〇〇〇個の遺伝子がとりあえずわかっているわけですけれども、三〇億の文字列の中のわずか五パーセントがタンパク質をつくるための暗号として使われているのです（図20）。残りの九五パーセントは、全然関係のない文字列で、我々はほとんどその意味を知りません。

九五パーセントの半分ぐらいは、非常に特徴的な文字列で、人間のゲノムの文字列の中に何回も出現する、ものによっては五〇万回ぐらいという、遺伝子の数よりもはるかに多い回数出現する文字列です。そういう意味では理解されていますが、あと半分は全くわかっていません。そういう謎解きをするのも、ゲノム解読のこれからの大きな目標です。

なぜかフグのゲノムの中にはこのような文字列は非常に少なくて、フグはある意味では効率のいい設計図を持っているのです。

●21番染色体とダウン症

染色体の解読は、このように非常に緻密な解析をしながら進めていくのですが、21番染色体は、ダウン症の子供の発症と最も関係しているので社会的にも注目されています。

どこが問題かというと、ダウン症の子供は、21番染色体が普通は二本なのに三本あることです。それによっていろいろな臨床的な障害が出てくるのです。21番染色体には、二二五個の遺伝子を見つけていますが、より詳しい臨床遺伝学的な研究によって、一ダースぐらいの遺伝子が発症に関係しているということがわかってきました（図21）。

遺伝子は、普通母親から一コピー、父親から一コピー、合わせて常に二コピー持っているのですが、一個に傷がついて発症するものもありますし、二つとも傷がつかないと発症しないタイプの病気もあります。ダウンに代表されるような例は、遺伝子は全くオーケーですが、コピーが二ではなく三になっているところが問題です。すなわち、通常の一・五倍タンパク質をつくると、とりあえず理解されています。

人間は元来たった一個の受精卵が細胞分裂をして二倍、四倍と増えていき、最終的に六〇兆個

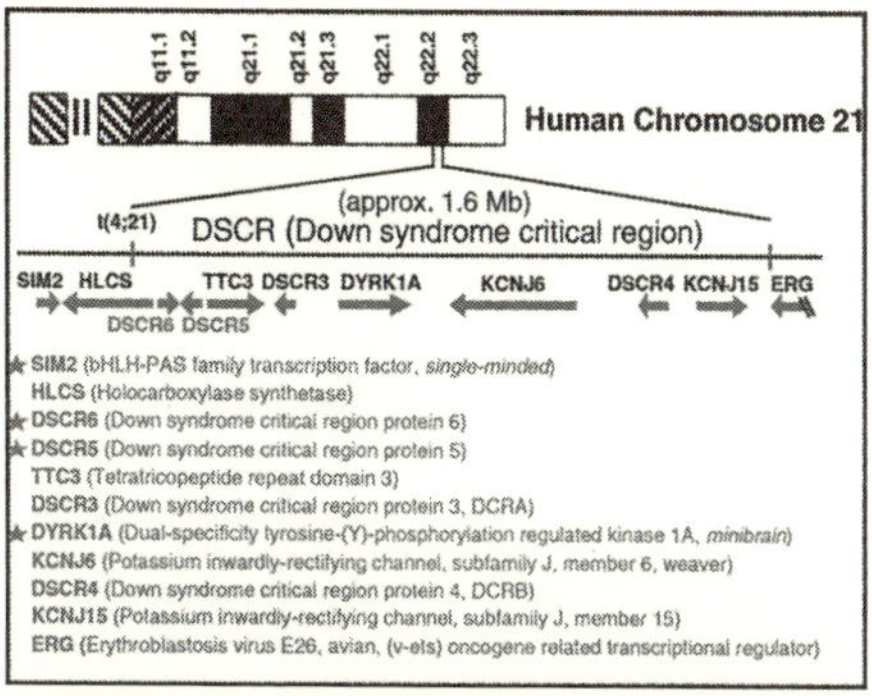

図21　ダウン症に関連する重要な遺伝子

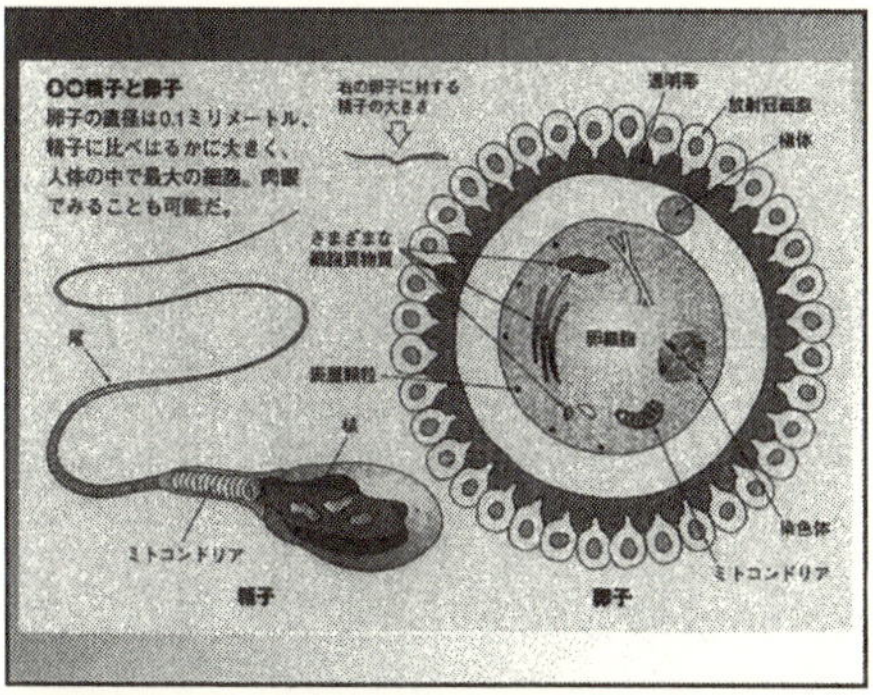

図22　精子と卵子

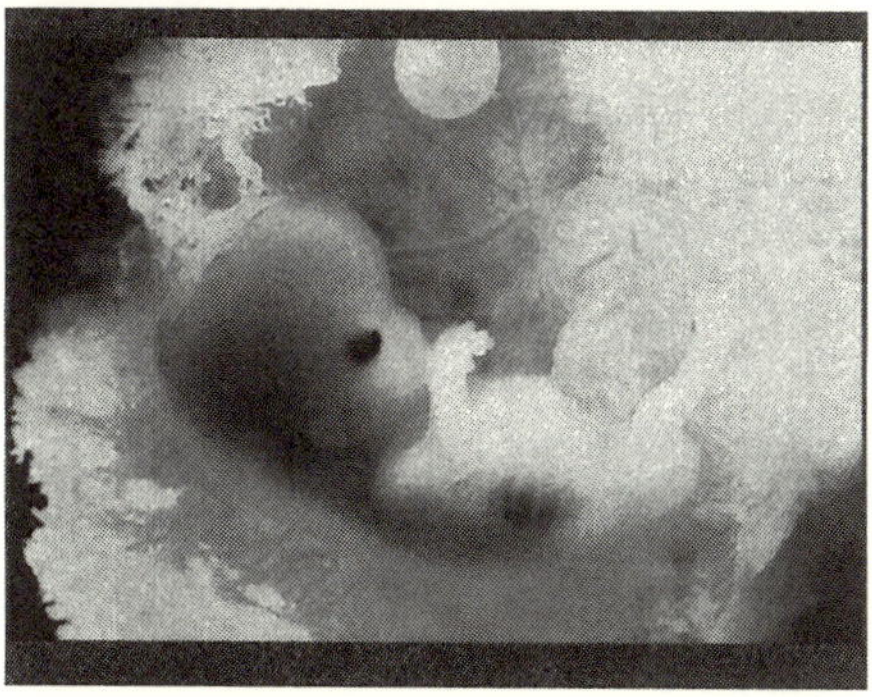

図23　胎児

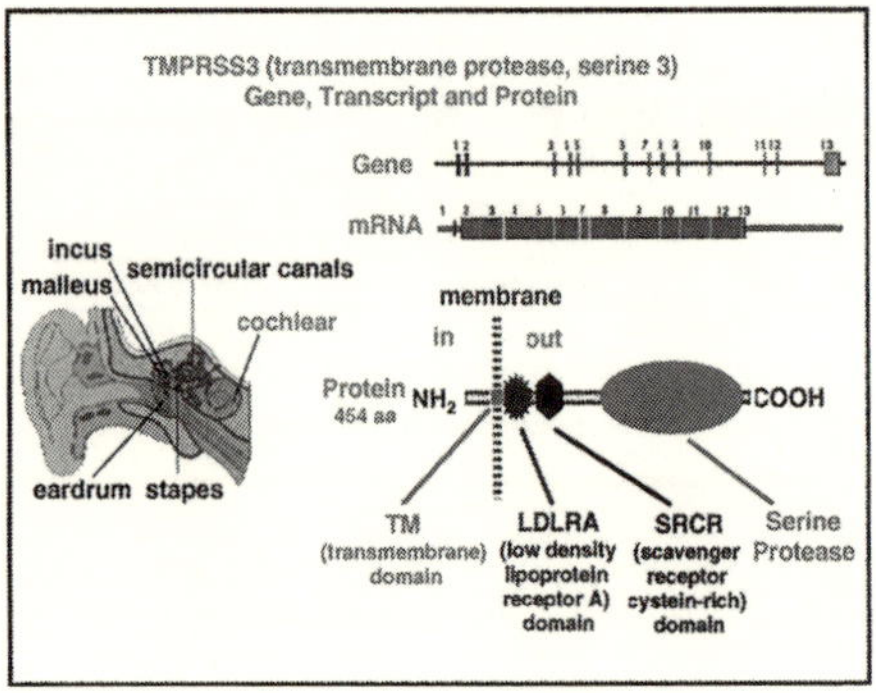

図24　難聴に関連する遺伝子とタンパク質

にまで達するわけですが、その間に三万二〇〇〇個の遺伝子がスイッチオンして、一〇カ月の間に胎児が発達していきます（図22・23）。その間に起こっている遺伝子のスイッチオン、オフが、遺伝子の数も含めてうまく行なわれないと障害が出てくるのです。

●21番染色体と聴覚障害

聴覚障害に関係している遺伝子も見つかっています。患者はパレスチナの家族です。母親は音が聞こえますが、双子の姉妹は全然音が聞こえず、孫は大丈夫という例です。こういう観察はよくあります。観察をしているのはイスラエルの女医ですが、研究をゲノム戦略的にやったのが慶應のチームです。

この場合、聴覚を失っている原因が染色体21番にありました。ずっと解析を進めていくと、一ダースくらいの遺伝子のどれかが怪しいとわかり、最終的にある小さな遺伝子が、その患者にだけ文字列の違いが見つかり、それが犯人の遺伝子だというふうになるわけです。

もちろん、遺伝子の構造はすぐにわかります。どんなメッセンジャーRNAができてどんなタンパク質をつくっているのかも、一応推定はすぐにつきます。その遺伝子が、体のどこで働いているかを調べていくと、カタツムリ管というところで優先的にスイッチオンになってタンパク質をつくっている（図24）。

患者では、遺伝子に変異が起こって正常なタンパク質がつくられない。そのタンパク質は、カタツムリ管で重要な役割をしているということが考えられます。人間は音を聞くときにまず鼓膜で受け取って、その音の信号を脳に伝えていきます。その中間段階のところで、信号がブロックされているという、分子的なメカニズムがわかってくるわけです。

そこでタンパク質を補充するなり遺伝子を補充するなりして治療することは、近未来に可能になるとは思われますが、人間の聴覚に関する遺伝子レベル、タンパク質レベルの研究がすでに展開しているのです。

五感には聴覚のほかに視覚、嗅覚、味覚、触覚がありますが、すべて遺伝子がつくるタンパク質の相互作用として成り立っています。したがって、このレベルの研究は、基礎的な理解を深めるために不可欠なのです。

●巨大な遺伝子パーキン

日本も高齢社会になって、六〇歳を過ぎてアルツハイマー病やパーキンソン病を発病する人が増えています。アルツハイマー病もパーキンソン病も、家族性にあらわれるというたぐいのもの

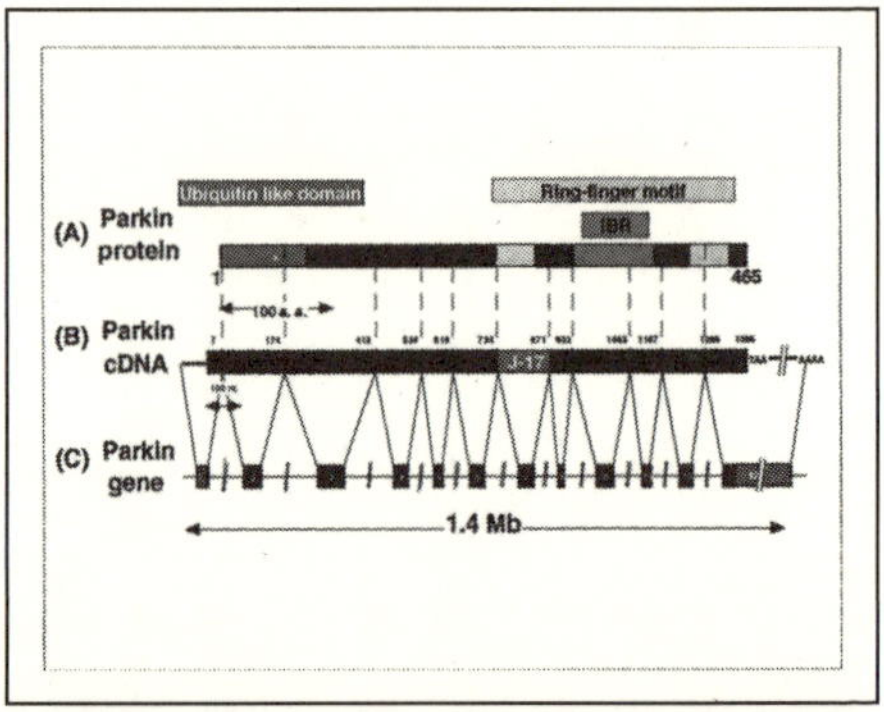

図25　パーキンソン病の遺伝子パーキンとタンパク質

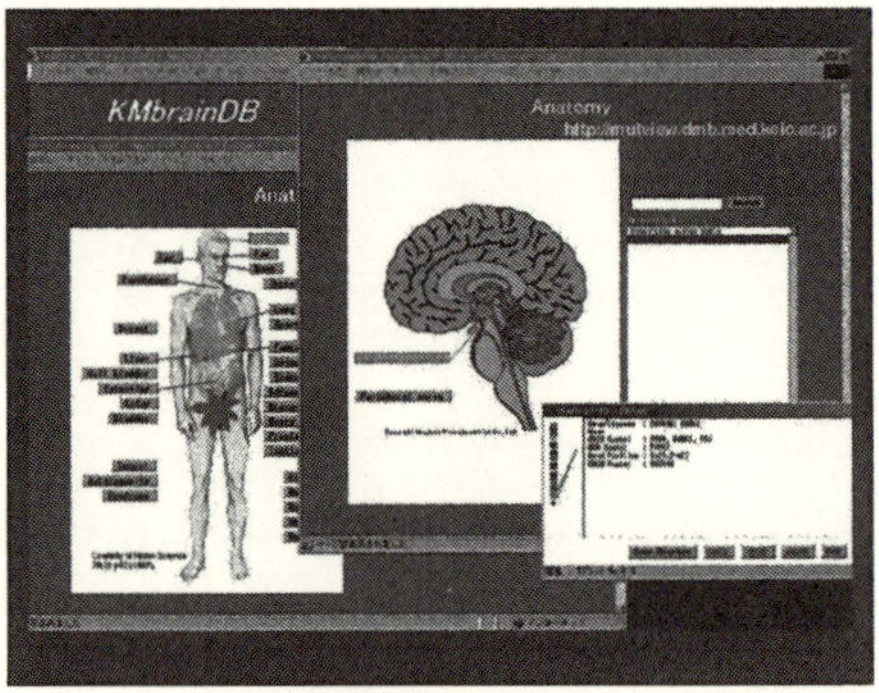

図26　疾患遺伝子データベース *Mutation View*

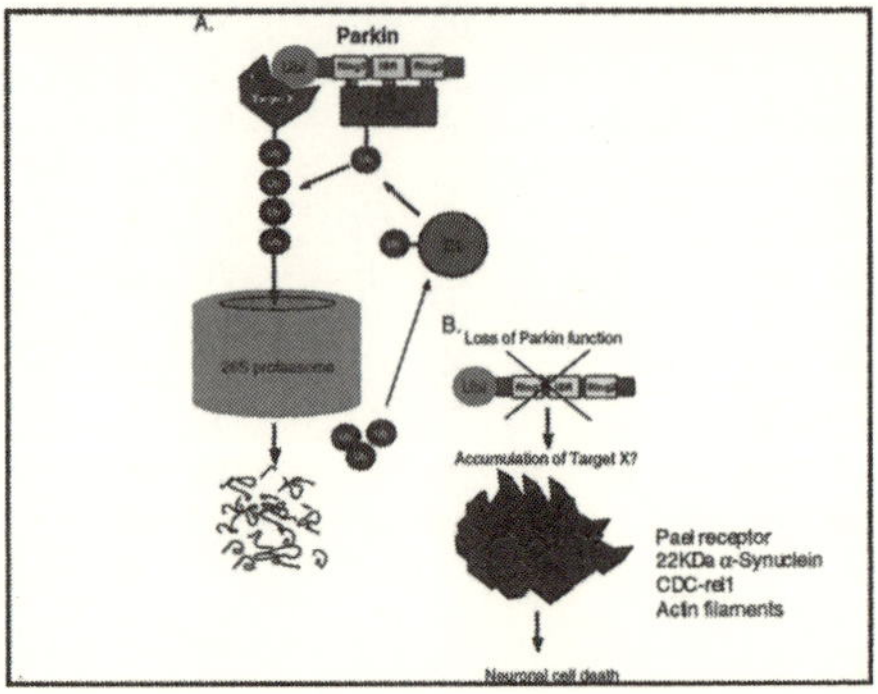

図27　パーキンタンパク質の作用モデル

が随分あります。これは日本人の患者の例ですが、家族性でしかも若年性のパーキンソン病です。パーキンソン病というのは、脳の黒質というところの神経細胞がなぜか変性して働きを失っていくのですが、その原因となっている遺伝子が見つかりました。

三万二〇〇〇個の遺伝子は一個一個がどれも重要で優劣はありませんが、学問的な興味とか社会へのインパクトという点からは、とりあえずのランクがあります。頻繁に起こる病気の遺伝子がよりインパクトがあるわけですが、パーキンソン病もその一例です。

パーキンソン病に関係している遺伝子にはパーキンという名前をつけていますが、これは巨大な遺伝子です（図25）。一個の遺伝子が一四〇万文字のA、G、C、Tからできているのです。O157で一躍有名になった悪玉の大腸菌がありますが、我々がおなかで飼っている大腸菌は、我々を助けてくれている腸内細菌です。その腸内細菌にある文字列は四〇〇万文字ちょっとですから、単細胞のバクテリアとはいえ、一個の生き物の三分の一を超える文字列が、パーキン一個の遺伝子にあるのです。人間は余分な文字列をたくさんため込んでいるのかもしれないという話を先ほどしましたが、決して理由なくしてそうしているのではないと思います。

一つの病気の原因遺伝子が日本で見つかって、世界じゅうで似たような患者を調べると、やはりその遺伝子が原因だったということがわかってきます。そういう情報が増えてくると、遺伝子、特に疾患に関係する遺伝子情報をコンピューターデータベースに取り込んで、診断あるいは将来的な治療、薬剤の関係の基礎データを構築することができます。我々のチームもつくっておりますけれども、内外の関係者が学問的な情報としてインターネットで自由にアクセスできるようにしています（図26）。

一方、一つの遺伝子が特定の病気に絡んでいるという場合は、そのタンパク質の生理作用を調べていくのです。例えば、パーキンというタンパクは、神経細胞の中で別のタンパク質を認識して、ある種の目印をつけます。目印をつけられたタンパク質は消されてしまうのです。つまり神経細胞の中で、タンパク質は働き終えたら消去されるという巧妙なメカニズムがあるのです（図27）。

パーキン遺伝子がつぶれていると、パーキンタンパクがつくられませんから目印がつけられなくて、タンパク質がどんどんたまっていってしまいます。そうすると、神経細胞が、いわゆる変性をして運動機能に影響を与えるというようなことがわかってきました。それを防ぐ薬剤を開発するきっかけがこういう研究の中に潜んでいるのです。

●がんの遺伝子治療

遺伝子ビジネスは今後ますます巨大化し、ヒトの遺伝子情報から薬剤の関発もどんどん進むでしょう。人間がつくるタンパク質ですぐに役立つのはインスリンであったり、成長ホルモンであったりするわけです。遺伝子から大量につくることが実際行なわれていますけれども、きちっと役に立つわけです。人工的な遺伝子組みかえをしてより有用なタンパク質をつくり出すこともできます。

一方、がんを初めとするいくつかの病気に関しては、遺伝子でそれを治すという遺伝子治療が

図28　拙著『ヒトゲノム・ワールド』

実際に行なわれ、我が国もやっとそういう域に達してきています。

ただしこの遺伝子治療は、世界で数千例の治療が行なわれましたが、我々が望む画期的な治療効果が出たという例は二、三例にとどまっています。遺伝子治療技術をさらに磨き上げるべきだということで、新たな研究が始まっています。

とにかく「ヒトゲノム・ワールド」というのは、生命の神秘の解読からゲノム・ビジネスまで急速に展開しています（図28）。

●ヒトとチンパンジーの違い

ヒトに関する謎解きが進むと、やはり先祖との関係が気になってきます。人間に一番近いのはチンパンジーだと言われていますが、ヒトとチンパンジーはほんとうによく似ています。チンパンジーの赤ちゃんは、子供のころは人間の子供とそっくりですが、成長するに従って骨格が変わってチンパンジーらしくなっていきます。実際、ヒトの染色体とチンパンジーの染色体は、じつによく似ていますが、やはり違うので

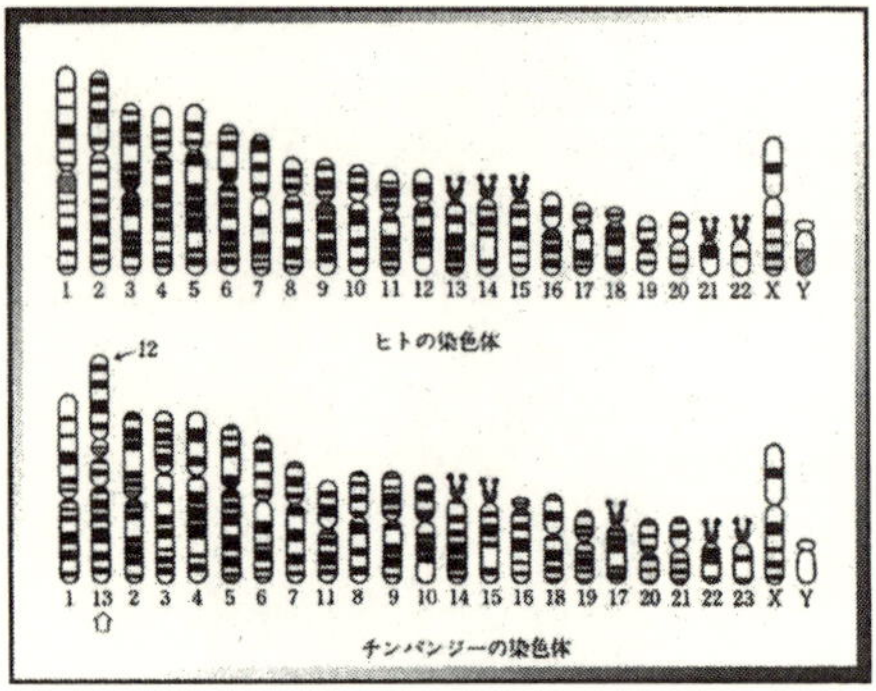

図29　ヒトとチンパンジーの染色体

す（図29）。この謎解きは興味深いと思います。

人間のゲノム三〇億文字は、個々人で一〇〇〇文字に一回ぐらいに違っています。個人差があるわけです。それが我々一人一人が、兄弟でも顔かたちが違ったり、ひょっとすると性格が違ったりすることに関係していると考えています。

また、チンパンジーとヒトでは毛の量が違います。昔からお猿は毛が三本足りないと言われてきましたが、数えるまでもなくはるかに彼らのほうが毛が多いわけです。毛をつくる細胞がチンパンジーは体じゅうにまだ残っています。人間は一部にしか毛が残っていません。いわゆる髪の毛であれば重要な成分のケラチンと、それと関係するタンパク質が絡み合って体毛はできています。我々のまだ非常にホットなニュースですが、何十個という遺伝子が役割分担をしているのではないかと今研究を進めているわけです。

産業応用としては、そういうタンパク質を大量生産してヘアトニックに混ぜれば、細くなった髪の毛が増毛できる可能性があります。

表1　21世紀ゲノム医療の展開

2003年	ヒトゲノムのシーケンシング完了 ゲノムの解読は究極の知的好奇心
2010年	ＤＮＡ診断の本格的普及 ゲノム創薬の使用開始 ゲノムによる差別回避の法律施行
2020年	生活習慣病の治療薬完成 がんの遺伝子治療本格化
2030年	オーダーメード治療開始 疾患遺伝子と環境因子の関係解明 ゲノムによる予防医学
2050年	ヒト細胞の営みのシミュレーション 遺伝子医療への反対運動

●遺伝子情報の応用の可能性

ヒトゲノム・ワールドがどんどん学問研究として、応用として発展していくことは間違いありません。もう二一世紀に突入していますが、もう少し先の展開を見ると、二〇〇三年の春に、三〇億の文字列の中に、遺伝子がいくつあるかという辞書づくりは学問として決着がつくのではないかと思います。生命の設計図としてのゲノムの解読は究極の知的好奇心であり、終わりはありません。

一〇年後にはＤＮＡを使った診断が本格化し、ゲノム情報を使った薬が使われ始めます。個人個人の体質に合った薬の開発が現実化していくだろうということです。人間の文字列には個人差があるということを言いましたけれども、それがあるからこそ一人一人が大切なのです。それが運悪く差別というようなことになるかもしれない。それはルールをつくって防いでいくべきだということが、盛んに論ぜられると思われます。

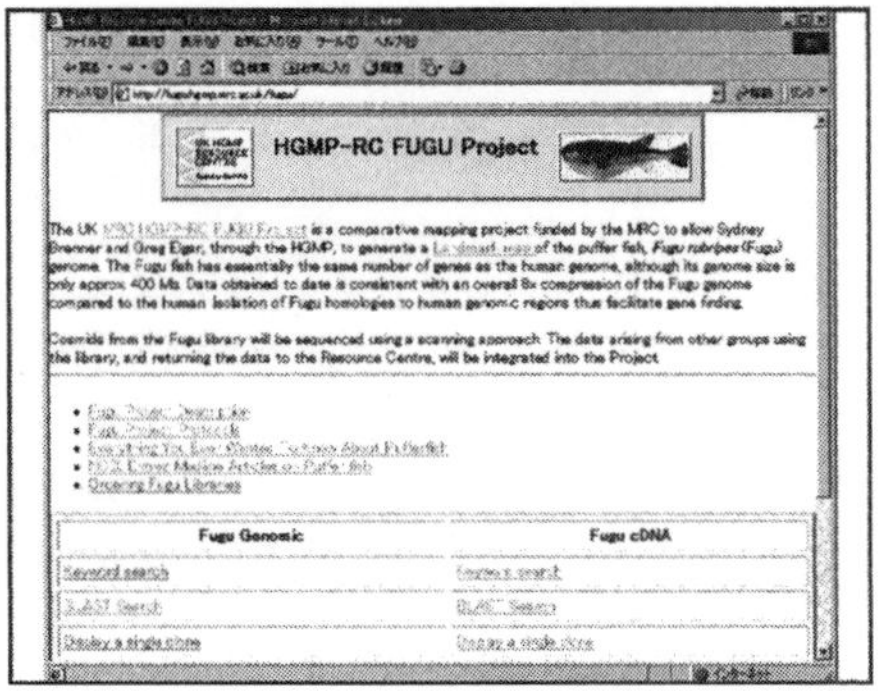

図30　フグのゲノム解読ホームページ

二〇年ぐらいたてば、糖尿病、高血圧などの生活習慣病が遺伝子の個人差と食生活や生活習慣が絡み合って起こる病気だという理解が深まり、新しい治療や予防が始まるでしょう。また、がんの遺伝子治療も復活して、本格治療が始まると思われます。ゲノム研究は、診断・治療ばかりではなく、予防医学にも応用されていくでしょう。

そして五〇年もたてば、人間の細胞の中での遺伝子やタンパク質の営みをコンピューターでシミュレーションしたり、ゲームソフトのようになって、ある遺伝子を傷つけると病気が発症し、その様子がわかる、したがって薬はこうすればいいというところまで進むかもしれません。

●先端技術を育てるために

ヒトゲノム・ワールドは、この一〇年間に、急速に進展してきましたが、こういう先端科学技術を進めていくに当たってそれぞれの国の行政はどうあるべきかということを考え直してみることも大切です。

地球上の植物、動物、それぞれのゲノムすなわち生命の設

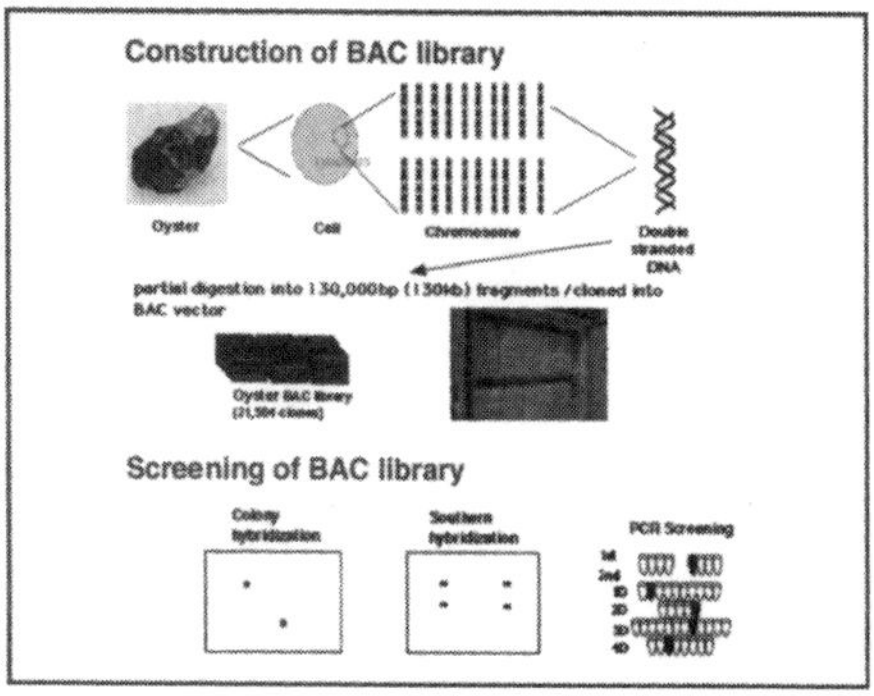

図31　カキゲノム解読の戦略

計図は、学問的にも産業応用としても大いに興味があるわけです。先ほどもちょっと触れましたが、フグのゲノムを解読するのは、もともとは人間のゲノムの解読をスピードアップするために始められました（図30）。こういうお魚の研究、特に食べられるお魚のゲノム解読を大いにやって、すしネタの世界のゲノムプロジェクトを我が国は先んじて支援すべきだとも思っております。

ヒトゲノムをどうやって解析しているかというフローチャートの最初のヒューマンボディをオイスターにかえればカキゲノムプロジェクトになります（図7・図31）。なにもカキゲノムのA、G、C、Tを全部丸ごと大金をかけて研究するのではなくて、ヒトとか二、三の生き物のゲノムの情報をうまく使って、人間にとって役に立つ魚貝が持っているある種のスーパーパワーを生み出す遺伝子を探り当てる。そうすれば、産業応用だけではなくて、人間の知的活動にも刺激を与えてくれると思います。

ゲノムの研究はもう終わってしまったと言われていますが、けっしてそんなことはありません。今日の話でもまだ終わっていないということをわかっていただけたと思います。いずれにしても、大きな国の支援プラス、民、私学、そういう力でいろいろなことができると思います。それをやるべきだということで、ゲノムの未来をにらんだゲノムステーション（Genome-station.co.jp）というのを実際に立ち上げて、いずれはＩＴのシリコンバレーに匹敵するようなゲノムバレーに育てるということをやっています。

大学・大学院の研究者は、子供に触れる機会が非常に少ないのですが、この夏初めて、夏休みに子供たちを集めて、ゲノムについての講義と体験工房をやりました。コンピューターや作業用のロボットと遊びながら、ヒトゲノムや生き物のゲノム、あるいはその設計図の尊厳とでもいうべきものを学んでもらうのが狙いです。子供たちもこういう体験をすることによって、ほんとうの意味でサイエンスに親しみを持って進んでくれる者が出てくるのではないかと期待しています。子供は押しつけても何もしませんが、興味が持てる環境をつくってやれば育つ、伸びるのだと思います。

インターネットと新世紀ライフスタイル

杉原章郎

杉原章郎（すぎはら　あきお）

一九六九（昭和四十四）年、広島県に生まれる。一九九六年に慶應義塾大学大学院政策メディア研究科修士課程修了後、インターネットシステムベンダーの会社を設立。その後、一九九七年に株式会社エム・ディー・エム（現楽天株式会社）の創業メンバーとして初期の出店営業部門を立ち上げる。取締役オークション部長などを歴任し、二〇〇〇年十月、楽天ブックス株式会社代表取締役社長に就任。オンライン書籍販売というEコマースの最大の激戦区に、最後発で挑むグループ会社を指揮している。

●SFCで得たもの

私が慶應義塾大学の湘南藤沢キャンパス（SFC）総合政策学部に入ったのは一九九〇年です。湘南藤沢キャンパスは駅からバスで三十分ぐらいかかるような山の奥にあるのですが、その当時すでに大量の情報をやりとりできるネットワークインフラを持ち、最新型のパソコンとかワークステーションが配備されていました。環境が整っていたのに比べて、学生は、キーボードという言葉を聞くと電子オルガンのことを思い出すようなレベルの人間ばかりで、最初からそれを使いこなせる人は一人もいませんでした。

何も知らない子供に知育教材のようにネットワーク環境が与えられたのです。学生は理解する前に身体で覚えろと、明けても暮れてもインターネットでした。メールの練習では隣の席の人とやりとりをすると同時にアメリカの大学生ともやり取りをさせられました。それで自分の目の前にいる人にメッセージを送るのも、アメリカやヨーロッパに送るのもまったく違いはない、距離は関係ないということを理解しました。

ネットワーク上で集めた情報を組み合わせてコンピューターによるプレゼンテーションをする

練習もありました。プログラミングも覚えさせられました。今ではもう使わないようなプログラムの言語でしたが、何でもいいからやりたいことを想定をしてプログラムをつくるのです。試験的につくってみて、動いたら喜ぶだけなのですが、それでも「すごい！」と思ったものです。

こうした教育によって私は、知識を記憶するのではなくて、身体知としてのメディアリテラシーを得ました。すなわちメディアを使いこなす能力を、頭で覚えるのではなく身体で覚えたのです。

●ワンリソース・マルチユース

インターネットは私たちに何をもたらしてくれているのでしょうか。

インターネット以前の狭いネットワークでは、一つの大きなところに全部の情報を集めないと処理がままならなかったし、そもそも横断的なネットワークがありませんでしたから、情報を集めるということ自体が非常に難しかったのです。

インターネットの出現によってそれぞれの情報を容易につなぐことができるようになって、必要なときに必要な情報を集めることができるようになりました。

インターネットは時間と距離の制約を超越しました。電話は時間の制約を受けます。携帯電話も、誰かに電話をかけると、その間相手の時間を制約します。でも電子メールは、相手にとりあえず用件を書いて送っておけば、相手は送られたメールを自分の好きな時間に読めばいいのです。そしてネットワークが張りめぐらされることで距離の制約を超えて、一つの資源ないし情報を、あらゆる場所で使うことができるようになりました。ワンリソース・マルチユースなのです。

インフォシークというサーチエンジンを使ってワンリソース・マルチユースの体験をしてみましょう。出版社の自由国民社はインターネット上にサーバーを持っていて、その中に『現代用語の基礎知識』の情報を置いています。そして自由国民社のホームページでは、『現代用語の基礎知識』の中に載っている言葉などを検索することができるようにしてあります。

ところで、インフォシークの画面の中でも、『現代用語の基礎知識』の検索ができるようになっています。検索窓の中に検索したい文字を入力して、「現代用語」というボタンを押します。そうすると、検索結果に、『現代用語の基礎知識』で調べたかのような表示がされます。これは、インフォシークのサーバーに『現代用語の基礎知識』のデータを持っているわけではなく、検索ボタンを押すと、自由国民社のサーバーを経由してインフォシーク側に戻ってくるということをして、自由国民社が有している一つの情報資源を、いろいろな見せ方をし、いろいろな所から使えるようにしているのです。

同じように、「英和辞典」「和英辞典」「国語辞典」、また「天気」や「ファイナンス」などのコンテンツ（情報内容）も、いろいろな会社のリソースをインターネット越しに引っ張ってきて表示をしているのです。例えば、地図は、表示する枠自体をインフォシーク側で提供し、中身はちず丸という会社のサーバーからデータをリアルタイムで即時に読み出してきて、インフォシークのサーバー側で構成して表示する仕組みです。

これがワンリソース・マルチユースの一つの形です。ひとところに情報を持っていないと表示できないのではなく、情報はいろいろなところに置かれていて、それがネットワークされているから、あるところでほかのところのものを引用しながら表示できるのです。

大学の先生方はネットワークを介した知の共有ができるようになったことがすばらしいとおっしゃいます。楽天市場ではその「知の共有」を、お店の方がそういう意識を持たずにやっている感じです。

価値のある情報が、必要なときに最新の状態で集められるものに変わってきているのです。ネットワークがない時代には、情報は知識として記憶しておかないと使えませんでした。でも、必要なときに読み出してくることができるようになって記憶する必要はなくなったのです。

知識を頭の中に入れるのではなくて、どこに知識があるか、誰が持っているかを知っていることが重要になってきたともいえます。だからこそ、それを探す力を身につけるべきなのです。

●楽天市場の成長の理由

そういったネットワークの特徴を活かしたのが楽天市場です。楽天の中には、長野の伊那谷で鶏の卵を出荷している養鶏所の経営者、北陸で建具をつくっている職人、静岡で野菜をつくっている人などさまざまな生産者がいます。今まではこうしたこだわりの強い中小のお店は、資本力のある百貨店や商社とは競争になりませんでした。楽天は、自分の商品に対して思い入れと正直さを持った人々に、発信したい時に発信したいことを発信する道具を提供したのです。

先ほどお話ししたように、価値のある情報はあちこちに散らばっています。ネットワークされていない時代には、百貨店が地方の特産品を集めてきました。今では生産者が自分で発信してお客の相手をすることができます。

資本力がなくても、得意な分野を持ち寄ってネットワークを張り、それをパワーにできるのです。一店舗一店舗の力は小さくても、自分の強みを持ち合ったうえでネットワークするのです。楽天市場の中でも、全国から店が集まってさらに小さな商店街が出来てきています。

我々が楽天市場を始めたのは一九九七年です。初めの二年半ぐらいは、「インターネットとは何か」から説明しないといけなかったのですが、五百店舗を超えたぐらいから、インターネットの急速な普及も手伝って急成長しました。

現在楽天市場は、契約企業数がほぼ八千社に達しています（二〇〇一年一〇月現在）。取扱い商品数は八十六万商品、モール内の取扱い高は、この景気が悪い中で月次で八パーセント以上の伸びを示しています。ページビューと言われる、ページをめくられる回数が一日に八百五十万回、月に直すと二億五千万回強あります。また、新聞の折り込みちらしと同じようなお買い得情報を載せた電子メール上のニュースを、二百五十万人を対象に送っています。

楽天市場は、中小のメーカーや卸や小売りの人たちが、自分で商売をしている実感を持てるような装置を提供しました。しかも、ネット上で商品を宣伝をするだけではなく、宣伝する人の前にお客を連れてきたのです。買う人と売る人の双方を引き寄せてきて、商品を見せる場所を提供したことが、楽天市場が成長した理由の一つでしょう。

ですから楽天にとっては、買う人も売る人も重要な顧客です。その双方に対してさまざまなアプローチをしてきました。まず買う人には、商品をただアピールするというのではなく、お客にできるだけ簡単かつ明瞭に見せるための機能をいくつも提供しました。

検索してそれぞれの店の商品ごとの値段の比較が瞬時にできるようにしたのも、楽天が最初でした。これはオンラインショッピングモールではタブーだったのです。でも、パソコンを買いに秋葉原に行っていちばん面倒なのは、店を何軒も見て回らないと、どの店がいちばん安いのかがわからないことです。

楽天に来たお客は、検索機能で簡単に欲しい品物がどの店でいくらで売っているかを見ることができます。お客は十個から十五個ぐらいの商品を見て、値段や特典やアフターサービス、さらにはお店の対応の仕方などを比べて、最終的に商品を決めればいいのです。

また、今では当たり前の機能になっているのですが、ネット上でのコミュニケーションを誘発するために、商品の画面上から友達に勧めることができる機能をつけたのも日本では楽天が最初でした。これは「友達にすすメール」という機能で、商品を表示している画面に友人にメールで勧めるというボタンがついていますから、そのボタンを選択すればメールで友人に知らせることができます。

似たようなものでは、プレゼントのページにもメールで勧めるボタンが置いてあります。これはネットの特性を活用したバイラルな手法で、一人が二人、二人が四人、四人が八人と情報を広めることが健全にできるものです。

●一円オークション

インターネットならではの商売のやり方の一つが、オークションです。オークションをネット上でやれば、わざわざオークション会場に行かなくても、全国からそのページに向かって入札ができます。楽天市場ではさらにそこに一円オークションという機能をつけました。つまり一円からスタートするオークションです。なぜ一円から始めるのでしょうか。

同機種のパソコンを、A店は一円オークションで、B店は通常オークションで売りに出しました。落札価格はA店が二十三万円、B店が二十三万三千円で、通常オークションのほうが三千円高い値がつきました。

でも、一円オークションでは入札の件数が九百二十一件もありました。一円で始めると、一円、二円、三円、四円、十円、十五円などと小刻みに値段がつきます。パソコンが二十円や三十円でもし買えるんだったら入札しようかなという感じでお客が入っていくのです。

一方通常のオークションは、最低の入札価格に一件でも入ったら売り渡さないといけませんから、売り手の損にならない範囲で下限を設定してスタートさせます。B店は十万円でしたが、十万円から二十三万三千円まではあまり幅がないので、三十二件しか入札がありませんでした。

一円オークションはじつは新規の潜在顧客を獲得する方法なのです。オークションに参加するのは買ってくれるかもしれないお客です。パソコン一台の売値が二十五万円ぐらいで、仕入れ値が例えば九万八千円だとします。九万八千円の投資で九百二十一人のリストを集めるのと、三十二人のリストしか集まらないのと、どちらがいいでしょうか。

A店は、この一円オークションをやった後で、買えなかった九百二十人の人に、「前回は残念でした。またやります。また遊びに来てください。友達も誘ってね」とメールを送り、そこに「友達にすすメール」などを用意しておく。そうすることで、一度集まったお客とその友達に、嫌みのない形で二回目、三回目オークションへの来訪を促すことができます。

●顧客を囲い込む

似たような形のものに「闇市」があります。これは顧客を囲い込む機能です。

闇市の特徴はアクセスに制限がかかっていることです。「秘密のメロン」と書いてあるのを見れば、どんなメロンを売っているのか気になって、クリックしたくなるでしょう。これはそんな消費者心理をくすぐっているのです。

ところが、秘密のメロンを見るためには、そのお店のメールマガジンに名前とメールアドレスを登録して無料会員にならなければなりません。別にそれで困ることがあるわけではないからメールニュースに登録します。それでニュースの会員が増えるわけです。

登録してもらうと、再来訪を促す行為が非常に楽になります。これで百人集めたら、新しい商品を入れる度に、その百人に対して案内のメールを送ればいいのです。

共同購入という機能は、生協で物を買うのと同じようなことをやります。現実にある生協では、一つのマンションや、一戸建てが並んでいる団地など、買う人がまとまって居てくれているので安く提供できます。これがインターネット上だと、場所を問わず複数の人々が集まれるのです。

一人だけが買うのであれば一万五千円の自転車が、六人集まれば一万四千円に下がるし、五十人集まれば九千五百円になるのです。自転車をほんとうに欲しいと思っている人だったら、あと一人でもう千円下がるのなら、自分の友達を誘うでしょう。そういう人たちが、インターネットを介してですから日本中、いや世界中、どこに居てもいいわけです。この共同購入は、もう月に四億円以上の取引が起こるマーケットになっています。

共同購入の商品には中古車もダイヤモンドもあります。ファッションではブランド品が、三万円が二万円、二万円が一万円、一万円が五千円と大きく割り引きされていくため、女性には好評なマーケットです。

さらにネットワークの力を利用したのが「友達でポン!」という機能です。これは一人の人が複数の人を誘わないとキャンペーンに登録できない仕組みになっています。先ほどの「友達にすメール」を増幅させたともいえます。

例えば沖縄二泊三日、三人様ご招待という懸賞に一人の人が応募しようとすると、あと二人誘って三人チームで応募するという条件が課されるのです。そこで二人紹介し、その二人が登録するページを見て自分の名前とメールアドレスを登録して、三人が揃うと初めてキャンペーンに応募したことが確定します。

さらに、紹介された二人は別のチームをつくることを勧められます。あなたはAチームで応募しましたが、同時にあなたが別に二人紹介してBチームをつくって応募することもできますと。それが繰り返されていく。これもネットワーク的なマーケティングの手法です。

通常の誰でも応募できるオープン懸賞と、「友達でポン！」とでは、結果が大きく違ってきます。応募の件数自体は、通常のオープン懸賞のほうが多くなります。一人で応募できるのですから当然でしょう。登録された人数は応募の人数と同じです。ところが「友達でポン！」は、例えば三人で登録という形をとっているやり方だと、三万件の応募で、重複があるので三倍にはなりませんが、実際七万五千人くらいのメールアドレスを獲得してくれるのです。それを活用して、また次のキャンペーンなり月の販売促進なりをやっていくのです。

こういうやり方が、インターネット上の、特に一般客を対象にした電子商取引の中では盛んに行なわれています。楽天の中でも、いろいろな手段を波状攻撃的に行なってお客を増やしていく方法をお店の方に教えています。インターネットのようなネットワークの特性をうまく活用した販路拡大です。

今紹介した機能はいずれも、お客にとって価値のある情報を提供して、そのページを訪れたお客のメールアドレスをもらい、メールでプッシュマーケティングをする。つまり「いらっしゃい、いらっしゃい」の呼び込みです。相手の顔が見えないインターネット上では、商店街の店頭で「安いよ、カキ、おいしいよ」と声をかけるのと同じような雰囲気を出していくために、こういうやり方をするのです。

●大事なのは商売人の心意気

楽天を始めたのは六人ですが、単なるスイッチボードのような大きなショッピングモールを提供し、たくさんの広告を出して大勢の人がページを見にくるような施策を行なうだけでは絶対にうまくいかないと、当初から全員が思っていました。

最も重要なのは、お客を呼び込むことや、先にお話しした、面白い機能ではないのです。お店が成長するためには、集客や機能以上に、お店の情報がいつもフレッシュでないといけない。インターネットでお店をやりたいと思っている人でも、実際にやったことがない人ばかりでしたから、お店を支援をする人間の活動が重要だと我々は考えていました。店舗を出す人は、パソコンに詳しい人もいれば、まったく知らない人もいますから、きめ細かで相手の身になった対応が不可欠でした。

当時はまだホームページをつくることが難しかったため、ショッピングのページの情報は何カ月も全部同じ状態でした。「今朝、築地に揚がったマグロです」と書いてあったページに三カ月後に行くと、あいかわらず「今朝、築地に揚がったマグロです」と一字一句そのままだし、写真も同じものが載っているのです。これは店先にマグロを置いて、一週間も二週間も置きっ放しにしているようなものです。商売になるはずがありません。

その日マグロが揚がったら午前中に今朝のマグロだと書いて、昼前にはもうホームページの上に載って、午後には売れて、夕方クール便で発送した。これが商売のサイクルでしょう。我々は、簡単にホームページがつくれる機能を用意すればそれが可能になって、商売がうまくいくと思っていました。もちろん、この機能のおかげで、どんなにページの更新が簡単になったことか。でも、その機能のポイントは、じつはそんなことではなかったのです。

お店にとっては、それまではホームページをつくるだけで精根尽き果てていたのが、つくり方が簡単になって時間も三分の一、四分の一に短縮されたことで、顧客対応やプロモーションや顧客の動向分析などに時間が割けるようになったのです。インターネット上の商売で重要なのはそのことでした。

普通のお店を開店するときには、まず商品を仕入れます。うまくいくとお客が集まってきて売り上げが上がります。その売り上げを元手にまた商品を仕入れて、二巡目の回転をさせます。インターネットのお店も同じです。

インターネット上では、お客がどのページをどういう順でどのぐらいの時間をかけて見たかということを全部捕捉できますから、その情報を分析して、お客さんがどういう商品に興味を持っているかを把握することができます。それをもとにより精密に計画を立てて商品の仕入れをして店を運営できます。それをできる機能を提供したことが、楽天がうまくいったポイントだったと言えます。

ただ、それはあくまでも機能のことであって、ほんとうに重要なのはやはり人の意欲です。ページを簡単につくって時間が余ったから顧客対応をするのではなく、ほんとうにやりたいことが顧客対応である、あるいはお客さんのニーズに合った商品を探してきて仕入れることであるといった商売人の心意気がないと、お店はうまくいかないということが、だんだんとわかってきました。

インターネットの店を自動販売機のように思っている人、一度ページをつくったらもう更新するのは面倒くさいという人は、出店しても売り上げを伸ばせません。インターネット上ではいろいろなコミュニケーションができますから、擬似的な対面販売だと考えないと商売はうまくいかないのです。

携帯電話でもパソコンでも電子メールは文字でコミュニケーションをします。ですから、好きだとかうれしいとかいった、面と向かってなら何となく伝わる気持ちや雰囲気を、文字で伝わるように表現しなければなりません。思いのこもった電子メールが送られてくれば、会ったこともない相手に対して信頼感がわきやすいとも言われています。インターネットの店はデジタル化した対面販売です。お店の方が誠心誠意をこめて情報を出していることが伝われば、お客も応じてくれます。

もう一ついうと、店長自身がインターネットでのショッピングが楽しくないと、うまく運営できません。お客が何を喜ぶのかがわからない店長には、うまくできないわけです。

パソコンでやりとりをするのは、人間味あふれるような感覚でやらないとうまくいきません。機能だけではだめで、その中に商売人の心意気を投影しようという意気込みが欠かせないのです。

●信頼感を得る大切さ

「勝ち残るネットショップの法則」のようなことがさまざまに言われています。便利さとか、オークションや共同購入など、現実のお店よりも多様化しているので楽しいということももちろんあります。

それに加えて重要なのが、安心感をかもし出すということです。実際に見たこともないし名前も聞いたことがないお店で買い物をして、ほんとうに大丈夫なのという気持ちはあって当然です。楽天では、お客に安心してもらえる情報の発信のやり方も、お店に教えています。

お店に対して人間が直接支援すること、直接的なコミュニケーションを我々は重要視しています。店へのサポートは三段階に分かれています。楽天への出店を決心をしてもらうまでの営業、実際に店がオープンするまでの作業・準備、オープンした後、お店を成長させていくサポートとコンサルティング、の三段階です。これらは人間を変えて専門的なアプローチによるサービスをしています。

わかりやすく言うならば、長嶋的にセールスをして、若松的にコーチをして、野村的にコンサルティングをするのです。「やあ、やりましょう。絶対おもしろいからやりましょう」と長嶋さんのようにわくわくするように誘い、若松さんのようにきめ細かくアドバイスをして準備をさせ、野村さんのID野球のようにコンサルティングをするわけです。その順番はもうある程度決まっていて王道に近いやり方が出来ていますが、いくつかパターンのアレンジが必要です。この商材はこういう購買サイクルがあると思われるから、こういうタイミングで、こういうキャンペーンをして、という計画を一緒に練ってやっていくのです。

こうしたことはネット上で機械的に自動的にやっているのではありません。意外かもしれませんが、ネットの特徴を活かすのと同じぐらい、どぶ板営業的なコミュニケーションが不可欠です。その両方を我々は店舗に対してするし、店舗はお客に対してするのです。

そういうふうにやっているお店ほどうまくいっています。例外は、いっときのナイキの靴とかカシオのG－SHOCKのような人気商材、出しておけば売れる商品を扱うことぐらいでしょう。

●失敗を信頼につなげる

つい先日、店舗評価をする機能を全店舗に対して導入しました。じつはこの機能は一九九七年に楽天をやり始めたときから導入を考えていたのですが、ずっと見合わせてきて、五年たってようやく実現できました。これは買い物をしたユーザーに店舗を評価してもらうもので、ユーザーにとっては意見や感想が伝えやすく、店選びの参考になります。

売れるからお客が集まる、集まるから売れるという信頼感に基づくサイクルは、売れるから即集まるのではないでしょう。お店がしっかりした対応をして、お客が信頼する。それが積み重なって初めて人が集まるという状態になるのです。お客は当然ページを見て買いますから、そのページに、ここはいいよという評価があれば、新しいお客も安心して買っていき、そして新しいお客が増えるというサイクルが生まれます。

我々は、店舗が全体的にいい評価を得られる水準まで達したと判断して、この機能を導入したのです。理想的な電子商取引というものは理論的にはそれなりにあります。新しい業者が、楽天と全く同じ機能でスタートしたとしましょう。でも、ここが人間的だと思うのですが、最初から全部ある状態でスタートしたとしてもうまくいかないと思います。お店が育成され、お客に信頼される成長のサイクル段階があるので、機能の装着にはタイミングがあるのです。

この機能は、お客が買い物をしたときに、後で評価をするというチェックボックスのボタンを押しておくと、二週間後ぐらいに、評価の画面に誘導する電子メールが届きます。ユーザーがアンケートに答えて店舗の商品、対応などを評価し、その内容が店舗や楽天に届く仕組みです。

悪い評価が出ることもあります。生鮮品は、店舗が細心の注意を払っていても、運送過程で腐るということは実際にありえます。他にも、連絡がつかない、配送が遅い、配達時間が違っていた、在庫切れだった、商品の質や状態が悪いといったクレームも入ります。

重要なのは、そうした不手際に対する店舗の対応もまた評価の対象になっているということです。失敗を恐れて手を出さないのではなく、恐れないでどんどん攻め込んでいって、失敗が起こったときにいかに早くリカバーするかが、お客の評価や信頼につながるのです。こだわりの強い店は自分の商品に自信がありますから、何か問題が起きると自分を恥じて懸命に対応します。それが、楽天市場への信頼感の総体になっているのです。

お客からの情報の八割が、店舗に直接入らないで楽天側に入ってきます。昔からクレームが一件あったら十件あると思えと言われていますが、一日に八百通から九百通ぐらいのクレームや激励が来ます。我々はそれを素早く店舗に連絡し、店舗の直接の対応につなげます。

●さらなる発展のために

インターネット上の商売は、通信販売の一形態です。テレビとかカタログとか電話とか、今までもいろいろな形態の通信販売がありましたが、それの新しい形態です。

従来の通販では電話やファックスで注文をしていましたが、インターネットはその点が新しくて、店から情報を伝えることもできるし、お客から注文をすることもできる初の双方向のメディアなのです。

とはいえ、インターネットはよくわからないという先入観を持たれている空間ですから、人間味あふれる形でやっていかないとお客がつきません。ですから乗りとか雰囲気をかもし出すように商店主みんなで努力をしてきて、今や大きなオンライン商取引時代になってきました。

では電子商取引が商取引を席巻するかというと、僕はノーだと思います。これはやはり通信販売の一形態であって、全商取引からすると、非常に大きくはなるものの、一部の構成要素でしょう。

ただ、忙しいから百貨店にも行かなくなって物を買わなくなったという人には、便利な場所が出来たといえるでしょう。すなわち、隙間になっているところを綿密に埋めることができるマーケットであり機能なのです。

隙間を埋めるといっても、既存のマーケットとはせめぎ合わなければなりません。こちらのほうが自分の生活に合っているという人はたくさん出てくるでしょうから、我々はそういう人々に対してサービスや商品を集めていくのです。

何か買おうと思ったときに、とりあえず楽天を真っ先に思い出してチェックしてもらうためには、どうすればいいか。昨今、ポイント制度やマイレージ制度でお客を囲い込むことが行なわれています。それと同じことは我々もしていく必要があります。

楽天の中で楽しみながら商売をやってくれる店舗をもっと増やして、新しい参入者と既存の人々が、いい意味で競争し合ってさらにサービスを向上させていってほしいのです。そのためには、楽天市場を消費者と販売者が、とことん利用したくなるマーケットスペースにするべきだと思います。

今私は書籍の部門も担当していますが、楽天に出店している人も本を読みますから、彼らは大事なお客でもあるのです。八千社の企業と取引をしていれば、八千人の本を買ってくれそうな顧客がいることになります。こういうお客も含めて、囲い込んでいるお客に対してできる限りのサービスを提供してマーケットをより活性化していきたいのです。

電子商取引の市場は急成長しています。現在市場の規模は約五千億円と言われており、その十パーセントが楽天市場の中で取引されています。一年前の情報では、二〇〇五年には七兆円ぐらいのマーケットになると予想されていますが、その何パーセントを楽天は取れるのか。

例えば、現在の十パーセントを維持できるとすると、当然すごいマーケットを持っていることになります。それが可能かどうかはわかりませんが、今のシェアをもとに考えると、多様なサービスを拡充し、いろいろなお客を取り込んでいく必要があります。

●真のマルチメディア時代を迎えて

インターネット上の商取引がいかに身近であるかを、お店の経営者にも一般の消費者にも理解してもらいたいと思います。いわゆるＩＴ革命という言葉が去年から今年にかけて流行りましたが、IT革命は終わったどころかまだ始まってもいないのではないでしょうか。

この十年間何も変わっていないのです。私が大学に入ったときに学校にあった環境が、やっと世の中にも見え始めていて、私は十年前にやって感じたことをずっと同じスタンスで話し続けてきました。それでも充分通用してきたのです。

これは世の中がこの十年間大きくは動かなかったということです。昨日、本日の講演の準備のために本棚をひっくり返していましたら、六年前の『マルチメディア学を知ろう』というムックが出てきたのですが、驚いたことに、その内容が今でもそのまま通用するのです。

何が変わっていなかったかというと、インフラです。それがついに動き始めました。それがブロードバンドの普及です。

マルチメディアという言葉を最近また耳にするようになって懐かしいと感じるのは私だけではないと思うのですが、ブロードバンドの本格的な普及が始まって、マルチメディアというに相応しい膨大なデータのやりとりができる時代がようやく来ています。

だからこそ、それに対するスタンスが重要なポイントになってきています。来るべき時代に対して、どういうアプローチを気持ちの上でも行動の際にも持とうとしているかです。

インターネットのホームページを見たことがない、電子メールをやったことがない人は、これまでその機会がなかったのかもしれません。でも今ではインターネットもメールもやるのが当たり前になってきています。だからこそ、チャレンジしてほしいのです。

私の母はもう六十近いのですが、私と電子メールのやりとりを毎日しています。私が教えたわけではありません。母はメールができないのが悔しくてスクールに行って覚えたらしいのです。ある日突然母からメールが来て私はびっくりしました。

最初は大変かもしれませんが、やればできるのです。極論すれば、始めるか否かで、これからの生活が楽しいか楽しくないか全然違ってくるでしょう。

戦後、洗濯機や車やテレビなど、物の普及は、所有者が人口の十パーセントを超えると、以後急速に広まったと言われています。ビデオデッキも、またつい最近では携帯電話もそうです。

携帯電話は平成五、六年に八百万人から九百万人ぐらいの加入者があり、ちょっと停滞した時期がありました。ドコモの独占の状態をどうするかという問題があったからです。しかし千二百万人、すなわち人口の十パーセントを超えたところから、すごい勢いで伸び始めました。

オンラインショッピングの利用者は、いろいろに言われていますが、本当に利用しているといえる人は、今八百万人から九百万人です。僕は今からもうわくわくしているのですが、千二百万人になるとすごい勢いで伸びていくと思います。ブロードバンドの問題は、携帯電話のときのドコモの問題と同質のものです。

ＮＴＴがもたもたしていたから、ヤフーが先駆けて低料金の接続を開始し、接続料金が一気に二千円前後にまで下がりました。ケーブルテレビを入れるよりも安い値段ですから、入れてみようかなと思う人が増えるのです。同時に情報端末が急速に普及するでしょう。パソコンの小型化からパームに至るまで、また無線系ではＦＯＭＡも始まるし、多様化していろいろなものがネットワークにつながっていきます。

そこで考えなければならいのはコンテンツ、つまり情報の内容です。何をやりとりするのかということです。電子商取引事業で店を成長させる方法はわかりました。でも、我々がわかっていないことがあります。それは、ショッピングを魅力的にする、購買率を高めてくれるようなマルチメディア・コンテンツとは何かということです。

先ほど十年間同じ話をして大丈夫だったというのは、じつは「わかりません」と私は言い続けていただけです。インフラが整っていなかったので本当に誰もわからなかったのです。今まではそれでしのげましたが、ブロードバンド時代に突入して、次の答を示さないといけなくなりました。

●ネット時代の学びのヒント

私が注目していることがいくつかあります。それがマルチメディア・コンテンツとは何かという問いへの答にもなるだろうし、学びのヒントでもあるでしょう。

第一が、四、五年前に流行った言葉なのですが、ザッピングです。最近映画化されて評判になっている『冷静と情熱の間』という恋愛小説がありますが、この原作本は、じつは二冊あります。一つのストーリーを、男の視点から見た一冊と、女の視点から見た一冊です。どちらからでもいいから両方を同じ情景ごとに交互に読み進めていくと、とてもおもしろい感覚が得られます。

一つのチャンネルに一人の登場人物を割り当て、一つのストーリーを同時に進行させるドラマを、ザッピングするような感覚に注目しています。すなわち、一つの現象とか物事を複数の視野、視点で見ることです。これがマルチメディアのコンテンツの一つの答に近いものだと私は考えています。

もう一つは、俯瞰力です。私には五歳と一歳の子供がいますが、今の子供はコンピュータグラフィックス（CG）で三次元の想像力が自然に培《つちか》われています。「百獣戦隊ガオレンジャー」という番組を日曜日の朝にやっています。これはいわゆる戦隊シリーズで、私が小さいころに「ゴレンジャー」から始まって、私も格好いいと思ってました。今年、その戦隊シリーズがちょうど二十五周年で、それに因んだ再放送を私はわくわくして見ているのですが、昔の「ゴレンジャー」を見てうちの子供は「弱そう」と言うのです。なぜかというと「何か服がよれよれ」だからだそうです。今のガオレンジャーは格好いいのです。スーツもぴしっとしていて、乗っているロボットもCGです。

話がそれましたが、CGを当り前のように見ている子供たちには俯瞰力がつくのです。昔は、本を読ませて想像力を育てると言われていましたが、想像力が乏しいとどうしても直線的・平面的な思考になります。絵を書かせたりレゴを組み立てさせるとわかるのですけれども、ガオレンジャーとかデジモンとかクラッシュギアのような近頃の子供のヒット番組は、通常の人間同士のやり取りの場面までは、普通り、実写かアニメなのですが、例えばクラッシュギアで戦闘車輌を主人公が投げた途端、画面がCGに切り替わり、画面右奥から立体的な画像で画面中央に走り込んで来て、ギュッと一回転した上に、車輌の後部を見せつつ、画面の左奥に走り去って行くのです。

要するに俯瞰させているわけです。一つの物事をいろいろな方向から見たCGならではの映像を、子供たちは当たり前のように見ています。そんな三次元的想像力を培われた子供たちにレゴで飛行機をつくらせると、違いがよくわかります。我々大人は前と横から見たところに一生懸命になって、翼も真っすぐにしてしまい、十字形の飛行機をつくったりします。

ところが今の子供は、後ろからの映像も脳裏に焼きついていますから、裏側もちゃんとつくるのです。エンジンから吹き出す排気口もちゃんとつくる。それを見て私は驚嘆しました。これこそニュータイプだと思いました。

こういう今の子供たちは、我々からするとすごい想像力とか物や現象を多面的にとらえる力を、もともとの素養として持った大人になるでしょう。我々は時代をつなぐ橋渡しの役目の世代ですが、次の時代にはそうしたものが求められるようになることを認識して、そういう力を自分たちも培わないといけないのかもしれません。

今そういうCGをつくる能力のある人は俯瞰力がある人です。彼らの感性が情報に活きてくると、マルチメディアのコンテンツはおもしろくなるし、大容量でやりとりする意味のあるものになっていくでしょう。

●トライ・アンド・エラーのすすめ

国民全員一億二千万人が総プロデューサーの時代がもう来ています。私は五年前からこう言っています。ホームページを自分でつくれるようになって、自分で情報発信ができるようになった

表1　1.2億 総プロデューサー時代

・仕様をまとめられる人

自分たちの実現したいことを表現できること
お客様のニーズをシステムとして表現できる人

・プロトタイプを組める人

簡単な遷移や反応をプログラミングできる人
本開発のための問題点を炙り出せる人

・チャレンジングな人

その面白さを語り伝え、そこに人を巻き込める人

んですよ。日記なんて隠しておくものでしたが、日記を書いてホームページに上げておくと、いろんな人が見てくれて、あなたはそう感じたんですか、私はこう感じますとか、勝手にコミュニケーションが始まったりするような、奇妙な時代になっていますよ、と。

そういう時代には、実現したいことを表現する、仕事であればお客のニーズをシステムとして表現できるような、すなわち仕様をまとめられる人、思いついたら試しにつくってみるような人、そしてやりたいことを実現するために、周りをどんどん引き込めるチャレンジングな人が、事業の展開をしたりチームを率いていくことがうまくできるような時代になってきています。それには、今お話ししたような、物事を多面的にとらえる力とか、俯瞰する力が欠かせません。

最後に、我々の会社ではそれを標語にしているのですが、とにかくいろいろなことを試してみよう、思い立ったたらすぐにやってみよう、と言いたいと思います。やってみて間違っていたらやめればいいし、合っていたらその次もやろう。その次も合っていたらさらにその次もやろう。トライ・アンド・エラー

表2　楽天 成功のコンセプト＝ネット時代の成功の秘訣

・常に改善・常に前進

GET THINGS DONE or BEST EFFORT BASIS
限界を決めてしまわない、実現するための手段を考え抜く

・プロフェッショナリズムの徹底

楽天のスタッフは若い、経験値が浅い、未熟
だからこそ、人の100倍考え、自己管理の下成長しようという姿勢を持たなくてはならない

・仮説・実行・検証

曖昧なプランではなく、具体的なアクションプランで、まず【やってみる！】

・顧客満足の最大化

楽天はＩＴ企業ではなく、サービス企業である
お客様(消費者様、店舗様、提携先様)の満足をどう実現するかを考え抜くこと

・スピード！　スピード！　スピード！

インターネットのマーケット拡大は、まさに今からである
他社が１年かけてやることを１ヶ月でやり抜くスピードが命である

と言われるのですが、それを繰り返していくのです。

　ある物事を多面的に見て仮説をいろいろと立て、いちばんよさそうな見方からトライしてみる。だめだったら二番目の見方からやってみる。まただめだったら三番目の見方からやってみる。それでうまく行ったら、その奥に進んでいく。それを速い回転で繰り返すのです。また俯瞰をして、将来的にどうなるのかいくつかのシナリオをもって、アプローチをするのです。

　そういう能力を身につけていかないといけない時代になっています。また同じ話になりますけれども、インターネットでホームページを見たり、パソコンや携帯電話でメールをやったりしていない方々は、それをやってみることがハードルを大きく越える一歩なのですから、ぜひチャレンジして

ほしいと思います。それをもう越えている方々は、ぜひ今挙げたようなやり方を試してみたり、その能力が自分にあるだろうかと考えてみてください。

豊かな社会と思春期の子供たち

鳥越俊太郎

鳥越俊太郎（とりごえ　しゅんたろう）

一九四〇（昭和十五）年、福岡県に生まれる。京都大学文学部を卒業後、毎日新聞社に入社。八九年に同社を退社。同年からテレビで「ザ・スクープ」のキャスターを務めるなど、第一線のジャーナリストとして活躍している。二〇〇一年、桶川女子大生ストーカー殺人事件報道に対し日本記者クラブ賞を受賞。著書に『異見―鳥越俊太郎のジャーナリスト日誌』『桶川女子大生ストーカー殺人事件』『ニュースの職人「真実」をどう伝えるか』など。

●9月11日がもたらしたもの

十一月十二日夜の話から始めます。

夕べ、国際幼児エイズ救済基金が主催するエイズ幼児救済チャリティコンサートがありました。国際幼児エイズ救済基金は、私の主治医でもある谷美智士先生が始められた漢方の生薬によるルーマニアのエイズの子供たちの治療ボランティア事業を援助しており、コンサートもその活動の一環です。私は、キャスターを務めている「ザ・スクープ」という番組でルーマニアのエイズの子供を取り上げ、それを谷先生がごらんになって以来のご縁で司会役を頼まれたのです。

コンサートが終わって、帰宅してさあ寝ようかというところに、突然テレビに飛行機の墜落のニュースが出ました。今のところは事故だろうということになっていますが、もしあれが第二のテロ事件ということになると、私はアメリカに取材に行ったかもしれません。

九月十一日のあの事件以来、本も売れないし映画もだめだそうです。あれだけ激しい映像を見てしまうと、それにまさる衝撃的な事実はもはやない。九月十一日を境にいろいろな意味で世界が変わったのでしょう。

事件について、テレビや新聞で識者がさまざまなことを発言しています。それぞれおっしゃっていることに意味はあるのですが、私は、二十一世紀はイスラムの世紀であることを告げた瞬間だったと思います。

もちろん、タリバンのもとに庇護されているアルカイーダとビンラディンという人物が本当にあのテロをやったのかどうかについては、私も証拠を見たわけではないのでわかりませんが、彼らがビデオで流したメッセージやFBIなどの捜査によると、八十パーセントぐらいの確率で彼らの犯行だろうというのが今の状況です。

ワールドトレードセンター・ビルに飛行機が一機、二機と突っ込んでいく映像を見たとき、私は、これはイスラム原理主義の中の過激派がやったのだろうと直感的に思いました。

地球上にはさまざまな過激派があります。イスラム原理主義と過激派とは必ずしも一緒ではないのですが、原理主義の中にも非常に過激な行動をするグループがあるのです。これは私の経験からくる直観ですが、自己犠牲を顧みずにああいうことをやれるのはその過激派と呼ばれる人たちであろう、宗教的な情熱がなければああいうことはできないだろうと思いました。

●冷戦後の世界とイスラム

彼らが抱えている問題に、一つはイスラムの聖地であるサウジアラビアにアメリカが軍隊を置いているのはイスラムに対する侮辱だという、宗教的なものがあります。これはかなり大きいので、なぜそんなことを言うのかというのは、イスラムのことを理解しないと、なかなかわからないのです。

もう一つはきょうのテーマともかかわってくるのですが、特に二十世紀の終わりから二十一世紀にかけて、世界の貧富の差が非常に拡大してきました。二十世紀の時代はソ連をはじめとする社会主義の国々がありました。ソ連が崩壊したことでわかるように、ソ連や東ヨーロッパ、そしてアジアなどでの社会主義の実験は、最終的には失敗したと私は思っています。市場経済という経済の仕組みと、社会主義という経済の仕組みの競争の結果、社会主義が敗北したことがわかったわけです。

しかしながら、そのソ連は第二次世界大戦の後に一定の役割を果たしてきました。ある時期ソ連は、世界中の抑圧された人たち——植民地化された国や貧しい生活環境にあえぐ人々——の代弁者として行動していました。それは戦後のアジア、アフリカ、ラテンアメリカの独立の歴史を見れば明らかです。そこには必ず独立を抑えようとする欧米の旧宗主国と、裏でその独立を助ける社会主義の国という対立の構図がありました。

数多くの紛争やクーデターがあり、その最大のものがベトナム戦争でした。少なくともベトナムがフランス、その後はアメリカという先進国及びその傀儡《かいらい》政権と戦って独立をかち取った背後には、社会主義——ソ連、中国という被抑圧者の代弁をする勢力——があったことはまぎれもない歴史的な事実です。

冷戦が終わったのは一九八九年と言われています。この年、地中海のマルタ島で、今のブッシュ大統領の父親のジョージ・ブッシュ大統領と、当時共産党書記長だったゴルバチョフさんが会談を行ないました。このマルタ会談をもって、公式には冷戦は終結し、その二年後の一九九一年にソ連は崩壊しました。私はそのときモスクワに取材に行っていて、赤の広場でハンマーと鎌のあの赤い旗がクレムリンの上からすっとおりて、かわりにロシアの三色旗がすっと上がっていくのを目撃しました。歴史の歯車が音を立てて動いた瞬間でした。

ソ連の崩壊に続いて東ヨーロッパの国々の社会主義政権も次々に崩壊し、二十一世紀になりました。その十年間で、被抑圧者や貧しい人たちの代弁者がいなくなり、アメリカ流の自由競争と自己責任が世界を覆ったのです。ユニラテリズム、アメリカ一国主義が幅を利かしています。

もちろん私は自由競争や競争原理を否定するつもりはありません。しかし、アメリカを見ればわかるように、その結果として貧富の差は非常に大きくなります。貧しい人はますます貧しくなる一方で、富めるものはますます富むという傾向が、この十年間に世界中で顕著になりました。特に情報が瞬時にして世界中に流れるIT化とともに、貧富の差がさらに拡大されてきています。

例えばデリバティブという金融の一手段があります。これはコンピュータを駆使して株や債券の上がり下がりをとらえ、売り買いをしていきます。しかも何千億単位の莫大なお金を一瞬に動かして、勝った負けたという。当然負ける人も出てきます。

アメリカのそういう金融資本とITが結びついたやり方に真っ向からかみついたのは、世界でもただ一人、マレーシアのマハティール首相だけです。そういう状況の中でこの十年の間アメリカが一人勝ちし、アメリカに逆らう者はとことんやられるという例が、湾岸戦争であり、今のアフガニスタンの問題です。もちろん私は背景にテロ事件があることを承知の上で言っているわけですが。

ソ連や以前の中国という、かつての被抑圧者の代弁者はいなくなりました。残念ながら今の中国には、かつてソ連がアジア、アフリカ、ラテンアメリカの独立に力を貸して、それなりに被抑圧者に関心を示したような態度はありません。中国は自国のことで精いっぱいで、自分の国の経済発展のことしか考えていません。社会主義と名乗ってはいるものの、社会主義市場経済という竹に木を接いだような仕組みになっているのが実情です。

そのような二十一世紀初頭に、抑圧される者のために、富める者や強い者に対して体を張って抵抗する役割を担う勢力として私たちの前に立ちあらわれてきたのがイスラムです。ここは、皆さんによく認識してほしいと思います。

●テヘランでの経験

イスラム教は砂漠の中で生まれた一神教です。ユダヤ教やキリスト教と同じように天に唯一の神がいて、アラーというその神のお告げを聞いたのが開祖のムハンマドです。日本語ではモハメッドと言われていますが、正確に発音するとムハンマドです。また、イスラム歴の元年は西暦六二二年に当たります。ムハンマドが聞いた予言と彼自身がしゃべった言葉を、後に書き取ったものがコラーンです。これも日本語ではコーランと言われますが、正確にはコラーンと言います。

イスラム教は生活宗教です。キリスト教やユダヤ教、仏教よりもはるかに生活に根差した、生活と密着した宗教なのです。またイスラムは非常に幅が広く、サウジアラビアもエジプトも、インドネシアもイスラムです。今世界のイスラム人口は十二億〜十三億だと言われています。

私はテヘラン特派員として、イランの首都テヘランに一年半いました。イランは、シーア派と呼ばれる非常に厳しい戒律を要求するイスラム教の一派が統治しています。その国で、私は一年半の間に、イランイスラム革命防衛隊に五回捕まっています。この革命防衛隊は正規の軍隊ではなく、荒っぽい革命防衛のための武装組織です。

五回も捕まったことには理由があります。

イランでは、イスラムの戒律によって、女性が公衆の面前で髪や体の線を見せることが禁止されています。髪と体の線は男を惑わして神を忘れさせるから、公衆の面前では覆わなければいけないのです。最近のテレビで見られるように、アフガニスタンでもパキスタンでも女性はブルカという布をかぶっていますが、テヘランではチャドールという黒い布をまといます。

当時私は長髪にしていて、髪が肩までありました。そのため夜タクシーに乗っていると女性だと勘違いされるのです。革命防衛隊は大抵トヨタのランドクルーザーに乗っていますが、それが我々の車を追い越して止まり、男が窓から銃を突っ込んで出てこいと言ったとき、最初は逮捕されるのかと思いました。ペルシャ語でスカーフのことをヘジャブと言うのですが、ヘジャブをしていないのをとがめられたのです。

何回も捕まるうちに、私もだんだん腹が立ってきました。あるとき空港で自動小銃を持った兵隊に止められました。私はまたかと思ってちょっと「切れた」状態になりました。私は九州の生まれで筑後の言葉なのですが、なぜかそのとき口をついて出たのは、「おれは男じゃないかい、ちゃんと見んかい」という河内言葉でした。これはさすがに迫力があり、向こうは何もしませんでした。そこでやめておけばよかったのですが、私は図に乗って思わず「おーりゃ」とばかりに相手のほっぺたを三回ほど叩いたのです。まるでやくざと一緒ですが。

飛行機に乗った後で、イラン人の助手が青い顔をして、「鳥越さん、二度とああいうことをやらないでください。あの場で撃ち殺されても何も言えないのです」と言いました。抵抗したと見なされるのです。日本でも警察官に抵抗すると警察官職務執行妨害で捕まりますが、助手にそう言われてどきっとした思い出があります。

●欧米の価値観では測れないイスラム

これはイスラムの生活に根差した戒律ですが、よく考えてみると、その教えは人間の真実を突いています。女性の髪や体の線に魅力を感じるのは男なら当たり前です。だから、イスラムでは公衆の面前でそれを出すことを禁じているわけです。もちろん音楽もお酒も禁止、歌もダンスも禁止です。おぼれてしまって神の教えを忘れてしまうようなものは全部禁じられます。

これはテヘラン生活を通しての直観ですが、戒律ができたころには彼らイスラムの民は、日本人より欲望が強かったのでしょう。お告げの中にはおそらく、人間をある程度戒律で縛らないと社会が崩壊するという予感があったのでしょう。それが現代にも生きているわけです。

そういうイスラムを欧米的な価値観で見ると、とんでもない変な宗教だということになります。私もテヘランに行った当初はばかばかしいと思っていました。大統領が集会で、「女性の髪の毛から特別なある種の光線みたいなものが出ている。これが男を迷わす」とまじめな顔で言うのですから、非科学的なことを言うとあきれました。でもそれは、戒律は社会の秩序を維持していく上で必要だということを、大統領がよりわかりやすい言葉で民衆に語りかけていたのでしょう。

私が日本に帰ってきたころ、女性のワンレン・ボディコンというのが流行っていました。ワンレンは長い髪、ボディコンはボディコンシャス、体の線をばっちりと見せる服です。これを見たとき、私は、もし日本がホメイニの支配する国になったら、ここにいる女性たちは全員死刑だと思いました。それぐらい強烈にカルチャーギャップを感じました。

さまざまな変化、違いはありますが、基本的には中東の国、そしてアジアの国々に、このイスラムという生活宗教のもとで生きている人たちがいます。

二十一世紀に、市場経済を中心とする社会の、日本もそうですが、先頭に立っているアメリカという国がもし横暴なことをしたら、クレームをつけるのは中国ではなく、このイスラムの人たちでしょう。これが九月十一日に私が感じたことです。

随分長くなりましたが、たまたまきのうの事件があり、またしてもニューヨークでしたので、九月十一日のお話をいたしました。

●豊かな国、日本

日本は、世界中の国々の中で間違いなく豊かな国です。

どういう点で比較するかによって順番は多少変わりますが、例えば、国内総生産（ＧＤＰ）があります。その国の国民が一年間で働いてつくり出した富の全部を人口で割ると一人当たりのGDPの額が出てきます。専門家に言わせると異論があるでしょうが、私は、GDPはその国がどれぐらい豊かな国なのかを示す指標の一つだと思います。

一九九九年のデータによれば、一位はルクセンブルグ、二位がスイス、三位が日本、四、五、六位あたりは北欧、アメリカの国です。私の記憶によれば、ルクセンブルグが一人当たり年間四万四千ドルぐらいで、日本が三万五千ドル。あとは三万ドル台に届くかどうかですが、アメリカでさえ日本が四万ドルのとき、確か二万ドルあったかないかだと思います。イギリスやドイツも似たり寄ったり。最近韓国は日本に追いつけ追い越せで勢いがあり、非常に経済発展が目覚ましいと言われていますが、その韓国でさえ一万ドル程度です。中国に至っては、大体千ドルで日本の四〇分の一ぐらいです。中国は人口が多いですから、十二〜十三億の人口で割れば当然下がってきます。

この人口で割るという点に意味があると思うのです。中国にしても、私たちがテレビで見るような上海や北京や南の広州のように、大きく発展をしてビルがどんどん建っている地域ばかりでは必ずしもないのです。私も行ってみたことがありますが、内陸部には貧しい地域があります。その中国を人口で平均にならしてみると、一人が一年間に稼いだ額が千ドルです。四万ドルを超えたこともある日本は紛れもなく世界有数の豊かな国でしょう。

もちろん、家が狭い、車の渋滞がひどいといった問題はいろいろありますが、世界を旅行して帰ってくると、日本は安全で便利で豊かだと感じないではいられません。明治維新からわずか百三十年余りでこれだけ豊かな国になったのです。日本の近代の歴史を考えればわかるのですが、これは驚異的なことです。

明治維新のころは、欧米の列強がアジアの国々を植民地化し、植民地の富を本国に持って帰ることによって発展を遂げたという歴史的な事実がありますが、当時日本もまた植民地化される寸前でした。長州は米・仏・蘭の商船や艦船を砲撃、逆にフランスの陸戦隊に上陸を許し、砲台を占拠されました。薩摩はイギリスと戦争をしました。中国はアヘン戦争で負けて香港を割譲し、その後澳門（マカオ）を取られましたが、日本もほとんど同じ状況にありました。ひょっとすると山口県は今ごろはまだフランスかアメリカの領土だったかもしれません。

一歩間違えば植民地化されかねないなかで、明治政府は独立を守るために日本を豊かな国にしようとしました。まず国民の教育程度を上げるために学校教育令を出した。それから、国民を指導する中央官僚を育成するために帝国大学を設立しました。帝国大学出身の官僚が日本の青写真をつくったのです。そして、他国に侮られないために強い軍隊をつくる。殖産興業、富国強兵というのが明治政府の合言葉ですが、そのとおりに日本は実践をしてきた。その陰で、欧米のまねをして、朝鮮や中国その他の国々を植民地化するような行為を行なって迷惑をかけたということがあるわけです。

しかし、今私たちが享受している豊かさは、間違いなく私たちの親や、そのまた親たちが、とにかく欧米に追いつき追い越せで、早く豊かな社会になろうと努力した結果もたらされたのです。その間にばかな戦争をして、戦争に負けて原爆を二発も落とされるという大きな被害はありましたが、戦後は戦争は一度もなく、人々はただひたすら働いて、豊かな日本の国を実現してきました。いろいろな評価はありますが、豊かになったことだけは間違いありません。

●豊かさの行き詰まり

けれどもここ十年ぐらい、私はこの豊かさということについて、もう一度考えてみたほうがよいのではないかという気がしています。さまざまな事件や社会現象をニュースの現場から取材し伝えていくなかで、実感としてそう思うのです。

豊かな生活は善である、というのが、これまで私たちが持っていた価値観です。冷戦時代には社会主義と資本主義というイデオロギーの対立がありましたが、そうしたイデオロギーももちろん価値観です。

日本では、そのイデオロギーよりもっと根元的な価値観として、豊かになろう、そのためにまじめに働こうという勤勉さがあったのです。会社のためにまじめに働こう、会社がうまくいけば自分たちの生活も豊かになる。そのためには残業も単身赴任もいとわないし、残業や単身赴任の結果離婚もあり得るかもしれないが、それもしようがない。多くの人がそう思っていました。

まじめに働けば豊かな社会が来て、私たちは幸せに暮らしていけるという考えは幻想だったかのもしれません。でも日本国民はこの百三十年間、そういう目標を持って走ってきました。

私は昭和十五年の生まれで、昭和二十一年に小学校へ入りました。食べざかりのころにはいつも腹を空かしていました。着るものもなく、兄や近所のお兄ちゃんのお下がりの膝や肘に継ぎ当てのある服しか着ることがありませんでした。

そういう貧しい時代を経てきていますから、なおのこと、豊かな社会を目指すことが善であり正義であるという考え方に私もずっとならされてきたし、信じてもいました。しかし、この十年間ずっと観察をしていると、豊かさそのもののなかに、ゆがみが生じてくる要素があると考えざるをえなくなったのです。

人間の体に例えてみると、人間は五十年ぐらい幸せに暮らしていると、たいていあちこちに病気が出てきます。痛風は美食のせいと言われますが、うまい物を食っていると高血圧になったり糖尿病になったりして、ある程度の成人病は仕方がないことです。もちろん、それを克服するためにスポーツをやるとかダイエットをやるとかいろいろありますが。

人間がつくっている社会はどうでしょうか。昭和二十年、戦争で私たちはほとんどのものを失い、一から出直すしかありませんでした。それから五十六年たち、日本は五十六歳です。

もちろん歴史はそれ以前からずっと続いていますが、広島、長崎は原爆を落とされ、東京は雨あられと爆弾や焼夷弾を落とされて灰じんに帰しました。日本は戦後ゼロから出発した、日本の社会は昭和二十年に生まれたというのが私の実感です。ある日学校へ行って弁当箱をあけたら、中には薩摩芋が二本ごろんと入っていたことを私は今でも忘れません。

食べるものがない、何にもない、そういう貧しい中から、五十六年間戦争もなく、私たちは一年一年豊かになってきました。私たちのころにはテレビもなくラジオだけです。電話は受話器を取ってがらがらと回して、交換手さんに何番と告げる時代です。それを思えば今の日本は非常に豊かになりましたが、人間の体がそうであるように、日本の社会も成人病を抱え込んだのです。

●日本は借金大国

その一つが国の大借金という深刻な問題です。借金は総額六百六十六兆円にのぼります。おそらく普通の人の感覚では億から上はみな同じにしか感じないでしょうから、六百兆円というのは見当もつかない額です。しかし、現実にそれだけの国の借金があります。

これは日本の社会が抱え込んだ成人病ですが、それは贅沢をしたからです。本当は百年ぐらいかかってつくればよかった高速道路、空港、港、橋を三十年あまりでつくってしまったのです。首都高や新幹線ができたのが三十七年前、一九六四年です。これは東京オリンピックの年ですが、オリンピックを境にして、高速道路や新幹線をはじめ、近代の文明社会を支える便利な物がどんどんできてきました。

国民が払う税金は三十七年分しかないのに、百年分の金を使って百年分の物をこしらえてしまったのが豊かな社会、日本です。今後三十年間の稼ぎを全部前倒しで使ってしまい、それが借金という形で残っているわけです。車に乗って、新幹線に乗って、飛行機に乗って、ああ便利だ、豊かになったと感慨に耽ることとの代償は、先取りの借金なのです。

国の金とはいえ借金である以上は返さなければいけません。この国の借金の大半は、財政投融資といって、皆さんが郵便貯金や厚生年金、国民年金等々の形で国に預けている、そして必ず返ってくると思っているものです。ところが、最近でこそご存じの方も多いですが、自分たちが預けた金が新幹線や高速道路にがんがん使われていたのです。

佐賀県の人には申しわけないけれども、佐賀空港は要らないと思います。福岡の空港が近いのですから、ほとんど利用する人がいないでしょう。静岡にも空港をつくろうと言っていますが、静岡に空港が要るのでしょうか。神戸にも空港をつくろうとして、もう始まっています。豊かな社会になろうという美名のもとに、日本は要らない物までつくっているのです。

●少子高齢化

日本の社会が抱え込んだ成人病は他にもいくつもあります。少子高齢化を成人病と言ってしまうと少し見当違いかもしれませんが、日本の人口が減っていけば、その結果それだけ経済のマーケットは狭まっていくし労働人口が減りますから、このままいけば国民の力が下がっていくのは間違いないでしょう。長寿・高齢社会は新たな問題を社会に投げかけています。介護の問題です。

最近の若い女性は結婚しないし子供を産みません。一人の女性が生涯に産む子供の数のことを特殊合計出生率といいますが、その数字は一・三四です。子供は一人ではつくれませんから、この数字が二・〇一ぐらいで人口は大体横ばいになりますが、一・三四では当然減っていきます。ちょっとスケールを小さくして、それなりに豊かな社会を維持していこうというコンセンサスでそうなっているのならいいのですが、そうではなくて、結婚して子供をつくるとせっかく覚えた仕事を続けられなくなるといった事情があるようです。

私の娘も今働いていますが、「おまえいつや」と言っても、「まあそのうち」と答えるだけです。

「どうせおまえは仕事をして、赤ん坊は母親に預けるのだろうから、ママの体が大丈夫なうちにつくってくれ」と言うのですが、仕事がおもしろいらしくて、全然子供をつくりません。

このあいだ、三十代初めのあるキャリアの女性にこんな話を聞きました。たまたま私が先に帰って食事の準備をしていると、夫が帰ってきた。夫はろくにあいさつもせずに、ぱっと服を脱ぐなり冷蔵庫からビールを取り出して、テレビをつけてプロ野球のナイトゲームを見ながらひっくり返ってビールを飲み始めた。私はキュウリを刻んでいたのだけれども、一瞬殺してやろうかと思った。なんであの人はビールを飲んで、私だけがこんなことをするのか、と。

これはお父さん方の世代には理解できない世界です。若い人にはわかるでしょう。若い人たちは、小さいときから男女は本当に平等ですから。お父さんたちの昔のように、男は仕事、女は家庭というのはもはや通用しません。女性の社会的進出の機会が超スピードで広がっているのが現状です。その結果、結婚より仕事を選ぶ。育児より自分のキャリアアップを優先する女性が増えてくるのは当然でしょう。その流れのなかで、結婚しない人たちが増えている。

そういうのも、いい悪いは別として豊かな社会がつくり出した一つの現象です。それを成人病と呼ぶかどうかは別です。私は、これを成人病と呼ぶと、違うかなとは思います。

●豊かさゆえのゆがみ

豊かな社会のゆがみの部分を全身で受けとめざるを得なくなっているのが――本人たちは受けとめているとは思っていませんが、豊かな社会の負の部分が投影されているのが――実は子供たちなのです。子供は人間として一人前になって一人で歩いていくまでの発達の途上にいる存在です。そういう未熟なときに、豊かな社会のさまざまなゆがみの突風を受けて、いろいろな事件につながるようなことになってしまうのです。それが最近の子供の事件の一つの大きな背景だろうと思います。

もちろん、子供の事件や事故はいつの時代にもたくさんありました。しかし、私たちのような貧しい時代の子供がやることといえば、万引きです。これは好奇心半分でやるのです。私も、後で返しましたが、目をごまかせるかどうか試そうと思って消しゴムを一回盗んだことがありました。昔は貧しさゆえの犯罪や事件がありました。しかし、今の子供の起こす事件はゆがんだ豊かさゆえの犯罪なのです。

そのことを大人たち、親や学校の先生や文部省のお役人は案外気がついていません。だから彼らの言うことは的外れなのです。子供たちのことを本当に考え、ゆがんだ豊かさゆえの事件や犯罪だということに思いが至れば、もっと違った対し方が出てくるはずですが、残念ながら気がついていない。

豊かさゆえのゆがみを受けとめてしまうのは、とりわけ思春期の子供たちです。思春期というのは、小学校の高学年から高校ぐらいまでですが、中学、高校の六年間を通してずっと問題を抱えている子供は少なくて、思春期の特徴をあらわすのは三、四年です。

この間に、さまざまな事件や事故が起きるのです。ひところ十四歳の事件というのがありました。酒鬼薔薇と名乗った神戸の少年Aは事件当時十四歳の中学生でした。あの事件のあと類似の中学生の事件が多発しました。

もちろん中学生の事件は今でも起きています。新聞やテレビが一つの流行のように十四歳、十四歳といって大きく取り上げるから、そのときだけ十四歳の事件が起きているように見えましたが、実はずっと続いているのです。ニュースとして大きくならないだけです。

もう一つは十七歳です。十四歳から十七歳の三、四年間が危うい時期なのですが、これを私は「思春期吊り橋論」と名付けています。深い谷間に吊り橋がかかっています。吊り橋はワイヤーで上から吊られているだけで他に支えがありませんから、風が吹けば揺れるし、横にきちんとした柵があるわけでもないので下手をすると落ちます。

思春期というのはこの吊り橋のようなものです。子供の世界から大人の世界へ行くためにはこの吊り橋を通らなければなりません。大人は皆吊り橋を渡ってきたのです。あまり問題もなく、親に反抗するぐらいで吊り橋を渡ってこられればいいのですが、今、日本の豊かな社会の中では、この吊り橋から落ちてしまう子供たちが多いのです。三、四年、人によっては四、五年かけて大人になるためのいろいろな発達、発展を遂げていくわけですが、そのころは非常に変化が激しい。女の子よりも男の子の変化が激しいのです。

●親離れと性衝動

思春期になるとまず親離れをします。これは自立のための第一条件です。親の庇護のもとで暮らしていた子供が、ある時から自我に目覚め、親から離れようとします。ところが最近のお母さんはそのことを理解できなくておろおろするのです。

男の子は小学校六年ぐらいのときに突然、母親に向かって「くそばばあ」と言います。私も言いました。これは男の子にとっては自立への第一歩の宣言です。でも最近のお母さんは子育ての経験が少ないし、親から子へと伝えられていく経験談がありません。ですから、ついきのうまで「ママ、ママ」と言っていたうちのマサオちゃんが、突然声変わりした声でくそばばあと言ったと、ショックを受けてしまうのです。

第二に、思春期には性衝動があります。もちろん女性も生理が始まるとか、身体の変化が始まるというかたちで性的変化に見舞われるのですが、いろいろな調査を見ても、男性の性的変化は女性には理解できないぐらい激しいのです。これは母親になる女性たちにぜひ理解してほしいと思います。小学校高学年から中学校ぐらいになると内的な性衝動が突然芽生えてきますが、最初は自分でもそれが何なのかわからないのです。

心理学者や精神科の先生方が神戸の少年Aを検査をして、それが少年審判の場で報告されていますが、それを見ると、のこぎりで小学生の首を切って、中学校の正門のところにその首を置いていたという、普通の人間からすると残虐きわまりないこの事件の背後には、未分化の性的衝動があると指摘されています。未分化の性的衝動とは、思春期に、特に男の子に訪れるもやもやとした性衝動です。人によって個人差がありますから、激しい子もいればそうでない子もいるでしょう。しかし、だれにでも必ずそれは訪れます。

その性衝動をうまくコントロールできない子供がいます。また一方では、現代の情報化社会のなかで、ホラービデオやファミコンゲームなどの映像やイメージが氾濫しています。未分化の性的衝動と情報化に刺激されて膨らんだ妄想が不幸な出会いをして複合したとき、事件になって外側に噴出してきます。神戸の少年の事件は、その典型的な例でしょう。

大分でも二年前に、十五歳の高校生が近くの一家六人を夜中に襲い、三人が亡くなった事件がありました。私も取材に行きましたが、家の中は血の海だったそうです。その後の調べでわかったことは、被害者の家には高校生と同級生の女の子がいる。警察の調べによると、その高校生は風呂場をのぞいたことがあったと言われている。これは未分化の性衝動です。風呂場をのぞくぐらいは男の子だったらやるでしょう。ところが不幸なことに、彼は「おまえはのぞいていた」と言われた。それを知られたくない、恥ずかしいという気持ちはあったでしょう。

それから先は、もう我々の理解を超えた、まさにゆがみとしか言いようがありませんが、彼はそのことを世の中に知られたくないので、一家六人全員の口をふさぐ、つまり殺してしまおうと思った。ここには大きな思考の飛躍がありますが、しかしそういうことが背景にあると言われています。少年の事件は閉鎖的な審判で情報は公開されませんが、これまでの報道や私自身の取材ではそうした推定が成り立つように思えます。

これはいわば、吊り橋を渡っている途中に吹きつけてくる大きな突風です。この突風を受けて、吊り橋の綱にしがみつこうとしてもしがみつけなくて、谷へ落ちてしまったのが神戸の少年であり、大分の高校生なのです。

●人間関係がつくれない

第三に、思春期の時期には受験戦争があります。中学生になったら高校入試があり、高校になれば大学入試がある。これは単に試験を受けるということではありません。自分の人生を決めなければいけないというある種の不安があって、これが相当なプレッシャーになります。

第四には、これは自立と深い関係がありますが、思春期の子供は、人間関係をつくっていかないと生きていけないということに気づかされるのです。これまではなんとなく団子のようにかたまって友達と遊んでいたのが、中学生ぐらいになると人間関係を気にするようになります。特に最近の子供はそれが顕著なのですが、彼らはまた人間関係をつくるのが下手です。

私たちが子供のころは、地域に遊び場がありました。餓鬼大将がいて、小学生の低学年まで含めて一緒になって遊んでいました。子供たちはそこでさまざまな人間関係をつくることを学んだのです。場合によっては餓鬼大将のご機嫌をうかがうこともあるし、そういういわばつきあいのテクニックも含めて、人間関係をつくっていくためには、ときには自分を殺さなければいけないということも学びました。

そういう機会が今はほとんどありません。遊び場がなくなって、せいぜい塾への行き帰りの友達だとか、ゲームを一緒にやっている友達がいる程度です。これは非常に象徴的ですが、ゲームをやるときの子供たちは向き合わずにそれぞれのゲームの画面に没頭し、会話がないと言われています。それはそれで、それなりの人間関係をつくった結果でしょう。

子供たちは人間関係をつくるのが下手なので、逆に浮き上がるのを恐れます。その結果、最近のいじめは、昔のいじめと違って、自分がいじめられないためにいじめる側に加わるという特徴があります。昔もいじめる子はいました。いじめられる子もいました。しかし中立的な子もいたし、とめる子もいた。ところが最近は誰もがいじめる側に回る。いじめる側に入っていないと、次は自分がターゲットになるのです。

自分なりの人間関係を築いていれば、浮き上がったり、人から分離されたりすることを恐れる必要はないでしょう。でも子供たちはそういう関係の構築が不得手ですから、人間関係をつくっていかなければいけないということが大きなプレッシャーになるのです。

そういうことが、この吊り橋で起きています。

●生きる力を奪う社会

いつの時代でも思春期は不安定なものです。そして親も、自分たちが思春期を通ってきた経験がありながら、大人になると自分がその吊り橋を渡ってきたことを忘れてしまって、最近の子供はおかしい、くそばばあと呼んだとか、突然自分の部屋の中から鍵をかけて、お母さんを部屋の中に入れなくなったとか言います。

でも自立のためにはそれは当たり前のことです。親たちだって自分の親に反抗し抵抗した時代があった。そうやって一人前の大人になってきたのですから。

しかし、最近の特徴は、思春期特有の不安定さ、吊り橋を渡るときの不安定さの背景になっているのが豊かさだということです。

今十五歳になる子供が生まれたのは一九八六年ですが、日本は高度成長を経て八〇年代に大量消費時代に入りました。コンビニができ始めて、お金さえあれば何でも手に入る時代が到来したのです。昔はテレビが一家に一台あるのさえ珍しかったのですが、最近は居間にだけでなく子供の部屋にもあります。携帯電話を中学生や高校生も持っています。お金さえあればほしいものは何でもすぐに手に入る。今の子供たちはそういう豊かな社会に生まれ育っていますから、逆に何かを欲しがる力が弱いのです。

言い換えると、彼らには飢餓感がありません。生物は、満たされているなかで育つと生きる力が弱くなります。人間も例外ではありません。強い動物を育てようと思ったら、過酷な状況で生存競争をやらせたら一番強いものが生き残ります。

獅子は我が子を谷底に突き落とすという言葉があるように、昔から、甘やかして育てるのではなく厳しく育てたほうが子供のためであると言われています。しかし、社会全体がこれだけ豊かになって、子供の生きる力を奪うような状況になってしまうと、もう親の一存とか学校だけではどうにもならないのではないでしょうか。

子供は成長していく過程で、生きる力——さまざまな機能や能力——が備わらないと一人前の人間になれません。私たちは豊かな社会を夢見てやってきましたが、その結果、今の社会は子供が生きるための能力や機能を発展させる機会を奪い取っています。成長しようとする子供の足をひっぱっているというのが、この豊かな社会の現実だと思います。

●自動販売機症候群の子供たち

社会はさまざまな人が集まって構成されていますから、一定のルールを決めないと私たちは生きていけません。それは、最終的には憲法であり、刑法や商法といった法律であり、また法律にはなっていない約束事なり決まりです。子供は、これはこうしてはいけないとか、これはこうしようとか、つまりは自分が何かほしいと思っても必ずしもすぐには手に入らないということを、一つのルールとして徐々に身につけていくはずなのです。

ところが、最初から物が豊かな中に生まれ育ってしまうと、今まで手に入っていた物が突然何かの理由で遮断されると我慢できません。彼らには、ほしい物が手に入らなければそのときは我慢して、回り道をして手に入れなければいけないという学びの経験がない。だから突然遮断されたときに反射的に爆発してしまう。これが最近の子供たちに言われる「切れる」現象だろうと私は思います。

こういう子供たちのことを、私は「自動販売機症候群の子供たち」と呼んでいます。自動販売機に百円玉を入れてボタンを押せば、ジュースやコーヒーがガタンと落ちてきます。ところがたまに壊れている自動販売機があって、お金を入れたのに出てこない。どうするか。お金を入れたらすぐ出てくるというのにならされていますから、出てこないとドンドンと叩いたり、この野郎と言って蹴ったりします。この叩く、蹴るというのが、少年たちがいきなりナイフで刺したり突然金属バットで親に殴りかかったりする、「切れる」ということの説明だろうと思います。そう思ってみると、自動販売機症候群の子供が実に多いのです。

一部の子供たちは我慢をする力、自分を抑制する力が充分に育たないままに大人になっていきます。彼らは想像力も奪われています。これが、日本の豊かな社会で育っている思春期の子供たちの大変不幸な一面だと思います。

●豊かさを問い直す

では、どうすればいいのでしょうか。実情を説明しておいて解決の方法を示さないと、何も言っていないのと同じではないかと言われそうですが、これという決め手はありません。それは、どこかをちょっといじったら次の日から変わるという話ではないのです。何十年もかかって日本は今の豊かな社会をつくってきて、その中で徐々に形成されてきた一種の成人病が、思春期の子供の事件なのですから。

いちばんいいのは、終戦直後の貧しい時代にもう一回戻すということでしょう。貧しい時代に戻せば、子供たちは我慢する力を身につけるでしょうし、想像する力も他人に対する思いやりも身につけるでしょう。

しかし、貧しい社会に戻すことなど不可能です。では、どうしたらいいのか。私も一言でこうやったらいいということは言えませんが、まず、子供たちの事件が何からきているのかを、親や教師をはじめ社会全体が認識するところから始めなければいけないでしょう。現実を直視して、事件が発生する原因を見つめれば、対処の方法もおのずと出てくると思います。

日本はまだ社会全体としてはそういう発想になっていません。豊かな社会は善だ、もっともっと豊かになろうというベクトルしかありません。豊かな社会が、同時にゆがみを生じさせているというベクトルでものを考えている人はいないのです。

これは親も学校の先生も、そして社会が対応を考えていくしかないことです。簡単に言えば一人一人の家庭でやるしかない。私も娘二人を育てましたが、親として助言はするがそれ以上は踏み込まないとか、子供とのコミュニケーションはきちんととって、その上で最終的には子供に自分で判断をさせるように格闘してきました。

豊かな社会が生み出しているゆがみ。私たちの祖父母や父母たちが百年を超える時間の中で目指して来たゴール「豊かな社会」の中にこそ実は私たち日本人を――大人も子供も――歪めさせる要因が存在している。そのことに今こそ私たちははっきりと気づくべきでしょう。二十一世紀の日本はそこからしか再生していかないのです。

旅は人を磨く　人と会うのが旅

セルジオ越後

セルジオ越後（せるじお　えちご）

一九四五（昭和二十）年、ブラジルのサンパウロに生まれる。十八歳でサンパウロの名門クラブ・コリンチャンスとプロ契約。七二年に来日し、藤和不動産サッカー部（現・湘南ベルマーレ）のＭＦとして活躍した。七八年からは（財）日本サッカー協会公認「さわやかサッカー教室」（現・アクエリアスサッカークリニック）の認定指導員として少年サッカーの指導にあたり、延べ五十万人以上の子供たちを教えた。テレビ解説や講演なども多い。

●日本に来たころ

僕の日本の最初の印象は、高速道路からずっと眺めていた風景です。競馬場とか、屋根の低い似たような家がずっと並んでいたのを覚えています。酔っぱらったら自分の家に帰れないなと思いました。ちなみに家が似ているのはヨーロッパも同じです。

来た当初はだれも知らないし言葉もできないし、すごく緊張していました。初めはみんな僕をおとなしい人だと思ったらしいのですが、何もわからないから黙っていただけです。

チームの監督やコーチの言うことがわからないのですから、何を言われてもはい、はいとやっていました。素直なわけではないから、言葉がわかるようになると衝突するようになりました。どうしてかと尋ねると衝突するのです。やがて、余計なことをやるとけんかになるから余計なことはやるな、ということを覚えてしまいました。我慢すればけんかにならないということなど理解しないほうがいいに決まっています。意識的にできたらいいですけれども、性格的に言ってしまうからいけないかもしれないんですけれども。

最初は必ず通訳がつきますが、長くはつきません。でもそのおかげで日本語を覚えました。ずっと通訳をつけているからいまだに日本語がしゃべれない人もいますが。中田英寿さんとローマで食事したときに、彼は完璧ではないけれども、どんどんイタリア語で注文してウェートレスと話すのです。まだ二年目だったのにたいしたものです。中田さんがそうですが、言葉を覚えたらチームにもどんどん入っていくのです。

言葉を覚えるのには、時間も必要ですが積極性が大事です。人と会うというのは、相手の話が聞ける、意味がわかるようになるんですね。言葉を覚えるというのは、まず人と会って言葉を覚えていくのです。

僕は二十七歳のときに日本に来て、日本語を覚えるのは苦労しました。皆さんが英語を覚えるのに苦労するのと同じです。栃木県に行ったらみんな日本語をしゃべっていないのです。みんな僕には標準語で話して、地元同士では栃木弁でしゃべっていたわけです。こっちを見たら広島弁が出てくるし、そっち見たら大阪弁で話している。この国にはいったい言葉がいくつあるんだろうと思いました。

もちろんまだ学校へ行かないような子供がしゃべっているのです。それはやはり方言です。基本というのはあいうえおでの文字はなくて話し言葉だということです。そうか、しゃべればいいんだと、読み書きは後だと気がつきました。学校で外国語を習うときは読み書きから覚えますが、自分が住んでいる国の言葉は聞いて話して覚えるのです。

また、言葉を覚えるにはいろいろな苦労があります。いたずらされたり失敗して覚えるものも多いのです。

●習慣の違い

よその国の習慣を知ることは文化を知ることでしょう。習慣の違いとはやっかいなもので、挨拶一つにしても、日本へ来て間もないころ、相手は頭を下げるのに僕は握手の手が出てしまうのです。なかなかタイミングが合わなくて困りました。

また、ミーティングのときに食堂に入っていくと、みんながじろじろこちらを見ました。僕はブラジルの元プロだから注目されているのだと思いましたが、全然そんなことではなくて、食堂は靴を脱いで上がるところなのに、僕だけスパイクを履いたまま上がってたからじろじろ見られたのです。

そんなことがあって、日本では家に上がるときは必ず靴を脱いで上がる習慣だと通訳に教わったのですが、遠征してホテルで部屋に入るときに靴を脱ごうとしたら、いや、ここはいいんですと言われました。じゅうたんがあるところはいいというのです。その後ある家に行ったらじゅうたんが敷かれていたので、靴のまま上がろうとしたら止められました。

道路にも戸惑いました。外国の道はほとんどが右車線ですから、日本に来たばかりの外国人は車にひかれそうになるにちがいありません。僕もそうでした。羽田空港に着いて右側から車に乗ろうとしたら、運転するんですかと聞かれました。

いろいろなことが、慣れるまでは大変でした。

●言葉ができなかったころ

日本へ来て間もないころは、外出が怖いのです。言葉ができないからです。電話が鳴ったら受話器から離れるのです。楽しかったのはスーパーの買い物でしたが、それは品物をかごの中に入れて、レジで黙ったまま一万円札を出せばいいからです。暗い生活です。テレビをじっと見ていても、映画しかわからない、スポーツもニュースも楽しくありませんでした。

日本人といっしょに漫才を見ていたとき、みんなが笑うから僕もつられて笑ったら、わかっていないのに何で笑うんだと言われてしゅんとしてしまったことがあります。あのときはとてもつらい思いをしました。仲間がいても言葉が通じないとお互いに距離を感じます。ホームシックになるのはそんなときです。

僕がまだ現役のとき、名刺を二百枚ほど用意してくれました。でもしゃべれない、書けない、何にもできない人が名刺をもらってどうすればいいのでしょう。チームのマネージャーが必要なものは全部用意してくれるし、駅では切符を買ってくれるし、電話のかけ方もわからないわけです。結局名刺もらっても使いません。二年で十枚も配りませんでした。営業マンなら首です。人を知らないし、知らないから発展もない。ストレスだけはたまります。

グラウンドで試合をしているとき、スタンドにいる人には僕がよく見えます。グラウンドからはスタンドは見えても、角度のために人の顔はわかりません。ファンはグラウンドの僕の姿を見ているし、テレビでも見ていますから、よく知っていますよと僕に言います。でも知っているというのはどういう意味でしょう。いつも見ているからというなら、僕はアメリカの大統領を知っていることになります。見たらもう知っていると考えるのは怖いことではないでしょうか。

少し話が違うかもしれませんが、僕も時々メールをやっていて、一年間メールをやりとりした人と初めて会ったときに、「おお、久しぶりだな」と言われたのです。初めまして、ではありません。怖いと思います。顔が見えない人でも、ずっと文通したら友達だと思っているのです。それで問題も起きていますし、これは社会の進歩につきものの悪い面でしょう。

現役をやめたときに急に電話が必要になって、いろいろなことが回り出しました。すると、スタンドとグラウンドのあの距離が急に縮まったのです。人との出会いがあって初めて、自分の日本語がだんだん上達していくのがわかるのです。

距離が近くなったらごまかしがききませんから、最初は大変でした。選手時代はグラウンドでのボールの扱いだけで喜んでもらえたのに、今度は名刺も配らなければならないし、電話もどんどんかかってきます。どうしようと思いながらも必死でした。でも必死になると少しずつ覚えるのです。

日本語がまだ中途半端なころですが、小学生の指導をするときに新聞記者が見に来ました。その記者が、セルジオ君、あなたが子供に人気があるわけがわかった、あなたの日本語は小学生にちょうどいいんだねと言うのです。褒められたのかどうか怪しいものですけれども、僕はなるほどと思いました。

つまり、小学生と同じように覚えていけばいいのです。二十七歳で四、五歳になったのだと思えば、単語を覚えるのもだんだん楽しくなってきて、少しずつコミュニケーションが図れるようになるでしょう。

●どんどん人と出会う

僕はサッカーのおかげで人と出会うチャンスをもらいました。外国へ来てサッカーをやってよかったと思います。他の仕事をしていたら、これほど多くの人との出会いはなかっただろうし、言葉もそんなに上達しなかったし、ましてや講演をすることもなかったでしょう。スポーツのおかげで幅が広がって二十七年間の遅れを取り戻しました。

全国を回っていろいろな人と知りあいました。日本人より日本人を知っていると言われたりします。きょうここに来ているのも人との出会いのおかげです。母が、私は日本人なのに何であなたのほうがたくさん日本人を知っているんだとよく言うのですが、それはチャンスの違いだったと思います。僕はたまたまスポーツをやったから幸運でしたが、そういうことがなければ今の社会ではもっと人と会う努力をしなくてはいけません。勤めてからやるより学生の時代からどんどん始めればいいのです。

大学でもサッカーを教えていましたが、当時の学生たちに、四年間サークルに燃えた人たちが、どうして卒業したらOB会だけで満足しているのかと言ったことがあります。卒業後はみんなそれぞれ違う会社に勤めているのですから、新しい仲間を昔の仲間に紹介していけば、自分たちが得るものも大きいでしょう。

入学してスタートしたものを四年が終わるとぽいと捨てるのは日本の悪い習慣です。終わってからも続けていけばいいのに、どうして全部捨ててしまうのでしょうか。けじめなのかもしれませんが、悪いけじめは変えればいいのです。

僕は以前は旅というのは金をためてどこかに行くことだ思っていました。でもあるお医者さんからこんなことを言われました。きみはサッカーのおかげでいろいろなところへ行けて、友達が大勢いてすばらしい、おれは一生懸命働いて金をためなければそんなにあちこち旅に行けない。泊めてくれて食べさせてくれる友達が三百六十五人いたら、一日ずつ泊めてもらいながら一年過ごすことだってできるでしょう。お医者さんに言われたとき、スポーツってすごいなと初めて感じました。

友達とファンの違いが初めてわかりました。サッカー教室の子供たちにも、プロになってもいいけれども、プロになってからやめないうちはまだ未完成だよと言っています。ファンは動く団体、友達は自分につく団体です。だから、いくらファンが多いと思っても友達は少ないよということです。五万人、六万人がスタンドから見てくれても、それは友達とは違います。

人との出会いはどこにあるかわかりません。初めての土地で、その地域のことを教えてくれる人は大先生です。僕はそういう大先生にすごく恵まれて、地元の人も知らないような店にも連れていってもらいました。今ではどこに行っても、逆に地元の人をおいしい店に案内して、何でこんな店を知っているんだと驚かれます。

羽田空港に降り立ったときにはゼロでした。それを思うと、人との出会いが貴重な財産になることを、身をもって知りました。いくら旅をしても、人と会わなかったらただ交通費がかかっただけのものにすぎません。

人と出会うには、何もいろいろなところに行かなくてもいいのです。人とはどこででも会えるし、自分が話してまた話してもらう、そして新しいことを教えてくれる友達ができるということが、旅なのです。

今の社会は、違う形で情報を集めて旅の代わりにできるのかもしれません。はがきを見てヨーロッパに行ったつもりとか、ホームページを見てきょうは南米に行ったつもりとかということになるのかもしれませんが、それは旅とはいわないでしょう。旅というのは、自分の体で行って体験をすることです。

●近所づき合いが少ない日本

その土地に住んでみて初めてわかることがたくさんあります。外国旅行で遊びに行くときは、別にそこに深い人間関係をつくる必要はないし、あとになって覚えているのは買い物とか楽しいことばかりです。そこで生活するのは違います。言葉を覚えて、人々と交流しなくてはいけません。

今の日本は合理化が進み、みんな忙しくなって、ゆっくり人とつき合う余裕がないような気がします。

昔は村社会だったわけです。村の暮らしはいいものです。電話はありませんが、人と人の触れ合いがあって、助け合いがあって。電話もテレビもない、ラジオを聞きながら想像力が働いた村の時代にもう一回戻ってみるのはどうでしょうか。

ブラジルではテレビがない時代、サッカーはラジオのおかげで盛んになりました。ラジオの放送では悪い試合はあり得ません。画像がないから、アナウンサーの力で全部いい試合にして聴衆を興奮させるのです。ここからそこにポンとパスしたら、ラジオのアナウンサーは「一人、二人、三人、四人抜いた」と大げさに言ってもりあげました。シュートを打って、拾いに行っているのを、「あっ、フェイント、打つ、打つ、打った、クロスバーに当たった、出た」とやりました。ラジオならわあっと湧きますが、テレビ時代に同じことをやったらたちまちばれてしまいます。テレビはごまかしがきかないから厳しいのです。Jリーグも試合によってはラジオだけでやったらどうでしょう。

それはともかく、そういう時代もあったのです。ラジオの時代、助け合う時代、言葉を変えると助け合わなければ生活できない時代です。それは今から考えたらとんでもない遅れた社会でもあるでしょう。

昔は一つの村の中でも家は一軒一軒が離れていました。近所への気兼ねがいりませんから、家族の触れ合いが生でできました。夫婦げんかも大声でできましたから、思う存分やり合って気分を発散できたでしょう。今は壁一枚で隣りに聞こえます。それを気にしながらけんかしても、言いたいことも言えない。だからいつまでも続くのです。

いっそ開き直ったらどうでしょうか。隣りに聞こえても気にしないで、翌朝隣りと顔を合わせたら、おはようございます、夕べ聞こえたでしょう、今晩続きがありますからお楽しみに、とでも挨拶する。それも交流の一つでしょう。隣りの人も、おい、八時に始まるぞ、と、それが近所づき合いではないだろうかと思います。けれども、現実は、マンションに住んでいる人は隣りも上も大変です。

マンションを買うときに、角部屋が高いのは日当たりがいいからだという話を聞いたことがあります。そうなのでしょうか。角部屋は、隣りが一軒減るから高いのではないでしょうか。隣りがいないほうが楽です。両隣りの間に挟まれているマンションは安い。上も下も文句を言えません。みんな自分の世界だけになっています。

うちの子供は元気がよくて、昼間遊んでいるときに音を立てます。階下の家の娘さんはピアノのレッスンをしています。マンションのつくりは僕の責任ではありませんが、下の奥様が管理人と一緒に、音がうるさくて娘のピアノのレッスンの邪魔になるから何とかしてくださいと言いにきました。僕は出張が多いのですが、たまたまその日は帰っていました。それで、申しわけないが、人は自分のものは何でもいいと思うものだ、おたくのお嬢さんのピアノの音も、ひどいけれども私は我慢して聞いてるから、あなたもうちの子の音を我慢してくれと言ったら、怒ってしまいました。

けんかをしたら仲直りをしなくてはなりませんが、今ではそれが難しくなっています。以前なら酒屋に行って一本買って、ごめんなさいと謝ればそれで終わったのでしょうが、社会が変わって今はそんなことはしません。仲直りしなくても、お互いに頼らないで生活できるようになったのです。人と会わなくても暮らせるのですから。日本は、便利な社会のすばらしさの裏で、村の良さがなくなってきたのです。

●便利さの裏にあるもの

僕はカラオケをやりませんが、カラオケが画期的だったのは、一人が歌ったら今度はおれもという具合に人と人をつなぐことですし、だから発展したのでしょう。ところが、自分の番が待ちきれない人は今度はカラオケボックスを考え出しました。これはいつもの友達と行って貸し切りでやりますから、新しい友達はできません。

日本のゴルフはカラオケボックスに似ています。外国では休憩所は人との交流のためにあります。でも日本人は、四人でまわって休憩所でお茶を飲んでいるときに、知らない人に今日はどうだったと聞かれたら、だれこの人、何でおれに声かけてくるのとドキッとします。何番ホールがよかったなどと答えられないのです。知らない人に声をかけられたら図々しい人だと思うのでしょう。日本人は少ない人数で心地よく生活するようになってきました。要するに対話がなくても生活できるということです。

もっと大変なのは回転寿司です。昔のすし屋は握りながら客と話をしましたが、回転寿司では周囲はみんな敵でしょう。そのトロとるなとか、あのイクラ、とられたとか、まるで戦いのようです。あれを見ているると、仲良くなる人間関係を嫌う人が生まれてくるわけだと思います。

やっぱり握ってもらいながら会話を交わせば、それだけ食べにいく楽しみも増えます。声をかけるというのは、顔を見ることで、それは要するにつき合いの始まりです。でも効率が悪いのも確かです。

自動化が進むと人と人の触れ合いが削られていきますが、それが合理化というもので、会社にしても合理化を進めるめることによって利益が出るわけです。機械をつくっていかに人を減らして効率よくやっていくかを追究するのは、たしかに社会の進歩には欠かせません。

今、人とのつき合いは減っていますが充分生活できます。これからもっと減るでしょうが、それでも暮らしに困ることはないでしょう。でも、もしかしたら社会の進歩は自分の首を締めてしまうのかもしれません。このままでは自分たちは貧しくなっていくのではないかということを考えてみるべきでしょう。

そうならないためにも、人と出会えるお祭りみたいな行事とか、スポーツをする機会をもっと積極的につくっていくべきでしょう。

昔のお祭りの知恵はすごかったと思います。それが長い間続いていました。人と人がつながって、お祭りをやるために人と人が交流する。これは会議をやるのとはわけがちがいます。

下町とかお祭りがある地域は、火事や災害が起きたときにすぐまとまります。お祭りをやっていないところは、隣りにだれが住んでいるかもわからないから対応が遅くなります。

屋根が藁葺きで、葺きかえるときはみんなで手伝う時代がありました。今は業者に頼んでやってもらいます。日本では人と人の助け合いは面倒くさいと思われるようになっています。人がいるところはうるさい、と。社会が便利になるのはいいけれども、では、人と人の出会いはどこでできるのでしょうか。

不思議なことに、同窓会では同じ昔話を何度聞いても飽きないし、そういうときに出てくるのはいたずら話ばかりです。かつての生徒と先生が一緒に飲んで、昔怒った先生がその思い出話を楽しんでいるわけです。先生が、おまえは元気だったなと酔っぱらって言うのです。それで、先生、あのときワルと言っただろうと元生徒が言い返すと、いや、おまえは元気だったと。元気だったんならなぜおれに罰をくれたんだ、先生の判断は間違っていたじゃないか、そのあたりで、まあまあいいじゃないかとなるんですけれども、それでいいわけです。怒ったのも怒られたのもまた触れ合いで、思い出となって残ったのです。

いたずら一つしないおとなしかった生徒は同窓会では浮いてしまうでしょう。先生は覚えてないですから。手を焼いた人のことは一生忘れないものです。今の学生とか子供にそれを言えばいいのです。

●ゆっくりすれば周囲が見える

あるテレビのディレクターから、アップとロングで撮らないと番組は成り立たないという話を聞いたことがあります。アップで撮ったらその人だけで、周囲が見えない。引いたら隣りにこの人がいて、という周囲が見える。映画はアップとロング、アップとロングの組み合わせです。

今の社会はだれもがものごとをアップだけで見ているのではないでしょうか。ずっとアップで部分だけを見ている。忙しくなるほどアップでものを見るのだそうです。車の運転を思い出しても、スピードを上げると一瞬のうちに状況を判断しなくてはならないから余分なものは見えませんが、スピードを落としたら全体が見えます。

サッカーも同じで、走れ走れと言うほど貧しいチームになります。走るときにスピードを上げたらだんだん姿勢が低くなるから、視野も低く狭くなるわけです。走らないで立てば全部を見渡せます。

急ぐということは貧しくなるということでもあるでしょう。だから、ゆとりを持ってちょっと一服して周囲を見ることが大事です。そうすると人が目に入ってきます。人を見るとそれが自分に返ってきます。

最近日曜日にファミリーレストランを見るのですが、休みの日もやっぱり十二時から混みます。朝ゆっくりして九時十時に朝食をとったら、普通十二時にはお腹は減りません。でも六日間の習慣が身についてしまっているので、食欲がなくてもいつもどおり十二時にご飯にするのでしょう。これではストレスがたまります。日曜日はお腹がすいたときに食べればいいのにと思います。そうやって目に見えないものに自分が動かされている部分があります。

日曜日の上野駅は上野動物園から帰る家族連れがいっぱいいます。お父さんは勤め人だから家族サービスなのでしょうが、サービスになっていません。

お父さんとお母さんが子供の手をとって、運動会みたいに駅の階段を走っているのです。子供のペースではなくて大人のペースで走っている。子供は足が地面についていなくてただ浮いています。それで痛い痛いと言う。それは痛いでしょう、体重を手首で支えているのですから。

それでも間にあわなくて目の前で電車のドアがドンと閉まったら、子供がバシッと叩かれて、ほら、もたもたするからだめじゃないかと父親が怒っている間に次の山手線が来ます。休みの日にもお父さんは大事な会議に遅れちゃいけないという思いが体から抜けないのでしょう。

あんなに急いで家に帰るぐらいなら動物園に行かなければいいのにと思います。でもそれがわからない。山手線のドアに勝ったらニタッとし、負けたらクソッとなる、何年もそれをやっているから、習慣になってしまっているのです。

そういうのを見ると、僕もああなってはいけないと勉強になるのです。

サッカー教室の子供たちに、サッカーは平仮名から覚えるんだよと僕はよく言います。次はカタカナで、小学生は漢字を全部覚えなくていいんだ、高校まで余裕があるから、焦るな焦るな、と。

●外国人とつき合うこと

今、外国人労働者が日本に出稼ぎに来ています。彼らは日本で金をためて自分の国に帰るつもりで来ているのです。

そこに日本人が自分たちの生活の感覚で近づいたら、どうなるでしょうか。出稼ぎに来る人につき合おうと言って日本人がおごったら、向こうもおごり返さなければならない。そうすると貯金がなくなるのです。こっちがおごって向こうが返せないというのはつき合いにくいものです。立場によってつき合いを考えなくてはいけないということです。

僕みたいに永住する人間とはつき合えます。だけど、もし僕がサッカーだけやって帰るつもりだったとしたら、できるだけ日本人とはつき合わないでしょう。だって、行くところが高いですから。だからといって、おごってもらいっ放しではいい友達にはなれません。

では、どうしたらつき合えるかというと、スポーツでつき合う、サッカーだったらお金をかけずにつき合えるでしょう。

また、その外国人労働者が社会問題になっています。イラン人が上野の駅の近くに集まるのが怪しいと言われるのです。フランスでのワールドカップのときにパリのオペラ座の前に日本人が集まったのは怪しくないのでしょうか。外国では言葉ができないから、同国人はみんな助け合って集団をつくるのです。

商社マンは外国に行くと、日本人だけの社会をつくっています。彼らは日本食を食べ、子供は日本人学校へ行きます。日本人が外国へ行っても日本人と友達になるのです。パリの日本料理店は日本人のお客でいっぱいです。ルーブル美術館へ行くだけではなくて、もっと街に出ていって食の文化の交流もすればいいのにと思います。どうしてそうしないかというと、言葉ができないからです。

外国に行って、そこに友達ができたら行動が広くなるのです。

あるテレビ局の女子アナウンサーがサッカーファンになって、ワールドカップを見にいきました。パリの友達の家に泊めてもらい、ブラジルとフランスの決勝戦に、二人で考えて、両方のユニフォームを買って、半分に切って縫いあわせたものを着ていったのです。いいアイデアです。何万人の観客の中で二人だけが着ている両チームの半分ずつのユニフォームは目立つし、とても受けました。売店に買い物に行ったら、売店の人にそのユニフォームはどこで売っているんだと聞かれたそうです。

そういうところに友達があっていい思い出ができたら、今までなかった強いきずながつくれます。そのアナウンサーも、サッカーファンにならなかったらワールドカップに行っていないし、半分ずつのユニフォームもつくらなかったでしょう。

●友達は貴重な財産

誰でも旅をしています。年が若くても旅はするし、当然年をとるほどたくさん旅をしているでしょう。最初はゼロです。そこから地域、幼稚園、小学校、中学と、だんだん足し算されて友達という財産がたまっていきます。

それで足りているかな、最近ちょっと足りていないんじゃないかなと、ちょっと考えてみてください。いろいろな人を知ってるつもりだけれども、ほんとうに知っているのだろうか。情報はもらったけれども人とつき合ったんだろうか、と。現代社会のよさの裏で我々がほんとうの旅をなくしていっていないかを一度確かめて、足りなければ少しずつ足していく、持っている人もさらに足していってほしいと思います。

楽観的かもしれませんが、一人一人がよくなれば、いろいろな問題も解決していくでしょう。それを手伝う親の姿を子供が見て学んで、いろいろ問題が少なくなっていく。そうして最終的には、日本という国はすごいんだ、安全で美しいところなんだと思えるようになっていってほしいと思います。

学校でも社会でも、友達が大勢いれば、人に危害を与えるようなことはできないし、しないと思います。外国人が大勢入って問題が起きるにしても、つき合いがあれば相手を傷つけるようなことはやりにくいし、逆にいえばつき合いがないほどやりやすい。つき合いのない相手には感情が湧かないからです。

知らない人の葬式の前を通っても悲しくはならないものですが、それと同じことでしょう。でも高齢者社会になって働き手が足りなくなってきたら外国人がどうしても必要になってきます。入ってきた人と友達にならなくてはいけません。友達になるきっかけをつくらなくてはなりません。昔とは違う社会をこれからの日本はつくっていかざるを得ないでしょう。

先日も僕は、在日韓国人とか日本で生まれ育った外国人は、日本の国籍がなくてもJリーグのもう一人の枠として外人枠から外したらどうかという提案をしました。たしかに政治的な問題がありますが、Jリーグのなかで政治にはできないことができるのではないでしょうか。ワールドカップを日本と韓国が共同開催でやるときに、政治もできないことを自分たちがやるのだという宣言をしたのですから、その延長としてやってほしいのです。

なぜなら、対立している国は、お互いに相手を一人一人として認めるところから初めて近づくことができるのではないかと思うからです。スポーツの役割は、政治ではやりにくいことを、スポーツから一緒にやりませんかということです。

企業はその国の国籍をとらなくても仕事ができます。スポーツがあまり枠にこだわるのは社会的によくないことです。アマチュアの段階では僕は認めます。プロになったら一企業ですから、外国人もその会社に勤められるはずです。

日本のとくに電気製品関係の工場は、大勢の外国人を雇って効率よく利益を上げています。その利益の一部がJリーグに回ってサッカーができるのです。もう、日本人だけがその企業で働いて利益を上げて、もらったお金でスポーツができるという時代ではありません。この認識は、サッカーだけではなくてすべてのプロスポーツの協会の幹部は考えていく必要があります。

合理化の進む社会でちょっと旅が少なくなっていないか考えてみてください。今より一人多い友達ができれば、一つのいい旅ができるのです。皆さんも今の状態で満足しないで、もう一人もう一人と欲を出して人と出会ってほしいと思います。

すべては現場に始まる

国井雅比古・伯野卓彦

国井雅比古（くにい　まさひこ）

一九四九（昭和二十四）年、山梨県に生れる。東京大学を卒業。一九七三年、NHKに入局。所属はアナウンス室。富山、旭川、東京、名古屋などの勤務地を経て、初回から「プロジェクトX」のメインキャスターを務める。それまでも「ぐるっと海道3万キロ」「日曜美術館」「食卓の王様」など多くの番組を担当している。

伯野卓彦（はくの　たかひこ）

一九六六（昭和四十一）年、神奈川県に生まれる。一九八九年に東京大学工学部を卒業、同年にNHKに入局。東京、仙台局を経て、二〇〇〇年三月に「プロジェクトX」立ち上げにディレクターとして参加。二〇〇一年にデスクになる。「プロジェクトX」以外にも「クローズアップ現代」「NHKスペシャル」を多数制作している。

●『プロジェクトX』の立ち上げのころ

【国井】　テレビ局では毎年九月、十月ごろに、翌年四月から始まる新年度番組の提案が、各部からたくさん集まってきます。夜の八時台はどういう番組をするのか、九時台はどうするのかと、各部から何百本という提案があって、その中から選ばれていくわけです。それで、私は一昨年（一九九九年）の十月ごろに『プロジェクトX』という番組の提案表を初めて見ました。『食卓の王様』という番組をやっていたころです。

提案表には「戦後のさまざまなプロジェクトをなし遂げたり、支えたりした人の挑戦のドラマ」と書いてありました。本田宗一郎や豊田章一郎といった有名人たちの人物伝みたいな番組らしいし、これは落ちるだろうと思っていたのですが、予想に反して編成というところを通り、翌年度から始まることが決まりました。

年が明けて一月ごろです。この番組の今井チーフ・プロデューサーから電話がかかってきました。私たちは国井さんにアナウンサーをやってほしいので、アナウンス室からそういう命令が出た場合は受け入れてほしいという根回しでした。私が有名人の人物伝みたいなのだったらやりたくないと言ったら、そうではなく、無名の人たちのドラマだというのです。それならおもしろくなるかもしれないと思って引き受けました。

私個人はできるかどうか不安がありました。特に一本目の富士山頂レーダー（二〇〇〇年三月二十八日に放送）は資料映像がたっぷりありました。上空で作業員がヘリコプターで吊り上げられるという危険なシーンも実写があるのです。VTRのインパクトが強いですから、スタジオもアナウンサーも要らないと思って、何をスタジオでやったらいいのか迷いました。

最初はディレクターもチーフ・プロデューサーもデスクも、地味な番組だから話題性がほしいと思って、女優さんに出演してもらいました。ところが、女優さんたちに来ていただいて感想を聞いても、やっぱり、「すばらしかったですね」だけなのです。

ですから、スタジオにどなたを呼べばいいのか悩みました。それで、当事者とか関係者に出演をお願いすることにしました。

青函トンネルの大谷豊二さんは、開通するときに、亡くなった部下の六人の遺影を持って、青森の竜飛側から北海道側に渡りました。そういうことを果たした主人公の方に直接スタジオに来ていただいて話をうかがっていくと、最後のVTRを見終わった大谷さんが、体がぐーっと震えてくるのです。かつての自分の苦しみ、青函トンネルにかけたすべて、失った友のこと、さまざまに思い出すのでしょう。

私も何を聞いていいのかわからなくなって黙っていました。思いがけなく私も久保純子も涙が少し出たのです。

スタジオも一つのドキュメンタリーです。目の前にいる人の表情に、人生の重さとか、青函トンネルにかけた思いが、何もしゃべらなくてもその顔に出てくるのだと、はたと気がつきました。その後、ご健在の関係者の方にスタジオに来ていただいてお話をうかがうという番組の形が決まっていきました。

ある面では、番組そのものが成長してきたのです。

『プロジェクトX』は六人ほどの精鋭が集まってやり始めました。三月二十八日が一本目で、週一回の番組です。一本つくるのに大体三カ月かけていますから、担当ディレクターが並行的に、今でも三人ぐらいずつ取材に出ています。

最初の放送のときのデスクはげっそりやせてしまいました。私もいろいろな番組を担当してきて、一週間や二週間家に帰らないのは当たり前なのですが、三カ月、四カ月近くも家に帰らないとなると人道問題でしょう。

あるデスクの奥さんは、『プロジェクトX』と聞いただけでじんま疹が出て、番組が始まるとチャンネルを変えてしまうそうです。この『プロジェクトX』があるおかげで夫は帰ってこないんだ、と。それぐらい、みんな力を入れました。

番組が一年間続いてほしくて、スタッフ全員で明治神宮へ行って番組成功と健康祈願の願掛けをしました。そんなことをやったのは、NHKに入って以来初めてでした。

視聴率は六パーセントぐらいから始まってだんだん伸びていき、去年（二〇〇〇年）の十月ごろに七〜八パーセントになり、今年の一月には十パーセント、上期の八月が十二パーセントぐらいです。今は大体十四～十五パーセントという恐ろしいほどの視聴率をとっています。だれ一人として、こんなに皆さんから支持される番組になるとは思っていませんでした。半年で終わると言う人さえいました。

【伯野】　スタッフもそう思っていたかもしれません。ネタが続かないのではないかと思いました。

【国井】　ネタは、新幹線、青函トンネル、と何とかやっても、大きなプロジェクトは二十本ぐらいしかないのです。ですから周囲では、まあ半年で終わるだろう、視聴率もそんなにいかないだろうと予想していたのです。

●資料がなかった豊田商事事件

【国井】　伯野さんがディレクターだった時、初めにつくった番組が、秋田さんという助役が十三時間で島民全員を避難させた、大島三原山の噴火での全島民の脱出の番組です（第十回「全島一万人　史上最大の脱出作戦」二〇〇〇年五月三十日放送）。二本目が豊田商事事件です。これは初めて二回シリーズでつくりました（「第二十三回「悪から金を取り戻せ」十月三日放送・第二十四回「史上最大の回収作戦」十月十日放送）。続いて、中国残留孤児のプロジェクトを二回やりました（第四十六回「大地の子、日本へ」二〇〇一年四月三日放送・第四十七回「大地の子、祖国に立つ」四月十日放送）。その五回を伯野さんがご自身で担当しています。

まず、豊田商事事件の番組のいきさつから伯野さんに語ってもらいたいと思います。もともと豊田商事について、伯野さんは興味があったのですか。

【伯野】　これは凄惨な事件でした。覚えていらっしゃる方も多いと思いますが、テレビカメラに囲まれている中で、豊田商事の会長である永野一男が惨殺され、それが中継されてしまったのです。私自身は当時は大学に入ったころでしたが、非常に印象に残りました。

ただ、全貌がよくわからない事件でもありました。豊田商事事件というのは、豊田商事が金《きん》のペーパー商法という詐欺商法を大々的に行ない、その詐欺商法のターゲットに選んだのが、いわゆる身寄りのないお年寄りとか体の不自由な方たちの老後の蓄えだったという事件です。

【国井】　たしか利率が最低十パーセントでした。今の低金利の時代では、もう考えられないぐらいの金利です。

【伯野】　結局三万人がだまされ、千二百億円という金が吸い上げられたというところまでは、わかるのです。でも、会長が殺されたことによって、その金の流れが全くわからなくなりました。そして、お年寄りたちのお金を取り戻そうと立ち上がったのが、中坊公平さんという有名な弁護士さんと、十一人の弁護士グループだったのです。

私自身の実感では、あの惨殺事件の後、あまり事件のニュースを見た記憶がありません。新聞でも雑誌でも、あの事件は何だったのかという総括とか、集めたお金はその後どうなったのかという記事を呼んだ記憶もなかったのです。実際、今回調べてみて驚いたのですが、まとまった記録や資料がほとんどないのです。

金の流れが非常に入り組んでいるので、よくわからなかったのではないかと思います。私も、弁護士グループが何をしたのか、結局お金は回収できたのかという基本的な点から取材を始めたのです。

●国からお金を取り戻す

【伯野】　取材で最初に会わなければならないのは当然リーダーの中坊公平さんでした。中坊さんは有名ですし、鬼の中坊とか平成の鬼平と言われていましたから、何か怖いという感じもありました。

最初に会ったときに、確かに厳しい人なのですが、びっくりしたことがあります。私は中坊さんの事務所に入って「NHKの伯野です」と挨拶しました。すると、その声が聞こえたのか、事務所の奥のほうから中坊さんが「あ、伯野さんですかー」と言って、こっちへ走ってきたのです。「あっ中坊さんだ」と思ったらもう、がっと握手されたんです。とても柔らかな握手でした。そして中坊さんは「よく来ましたな。期待してますー」と言って、さっと部屋に案内してくれました。そのスピードに圧倒されてしまいました。

気さくな方だなと思っていると、次の瞬間、「それで、川口さんには会われましたか」と聞かれました。ドキッとしました。

川口さんというのは、豊田商事事件の最初の裁判でキーになる裁判長です。資料を読み込まないと出てこない名前なのですが、中坊さんはそれで私を値踏みしたんだと思います。私は偶然ながら知っていました。じつは中坊さんがなかなか時間がとれないので、その前にほかの弁護士に会ったのですが、その弁護士から僕に、「中坊さんは、必ず川口さんの名前を知っているかと聞くから、絶対に勉強しておいてください」と言われたのです。それで私は既に川口さんにお会いしていたんです。そのことを伝えると、中坊さんは「勉強してますね」と満足そうに笑われたんです。その笑顔を見ながら、冷や汗が流れました。

【国井】川口さんは、法律あるいは司法の信頼を取り戻すことをやってほしいと中坊さんにおっしゃった方です。中坊さんも最初は戸惑われたようですが、そのひと言で引き受けられたということです。番組を見てみましょうか。

【伯野】その前にちょっと説明します。十一人の弁護士たちがお金の流れを解明していくと、結局千二百億円のお金の半分は、豊田商事を逆にむさぼりつくしていた会社にいったことがわかりました。その中には一流企業やゼネコンも含まれていました。弁護士たちはそこからも金を取り戻そうとします。そして、最後のターゲットになったのは国です。千二百億円のうち六百億円が、豊田商事の社員のサラリーとして支払われていたのです。そのサラリーの税金に目を付けたわけです。

【国井】私も見ましたが、社員の月々の給料の明細票が残っていたのです。月給が二千万円とか千八百五十万円、千五百万円という額です。お年寄りをだましてこんな月給をもらった人がいるのです。よく明細票が手に入ったものです。

普通会社は給料から源泉徴収して、それを国税として国に納めます。一旦支払われた税金は、たとえそれが不正でもうけた収入から支払われたとしても、国税局は返還しません。税の徴収自体は違法ではないわけですから。国から金を取り戻すのは非常に大変なことです。それを中坊さんたちは頭を使ってなさるのです。

【伯野】　では、国税庁からお金を取り戻すところのVTRです。

（VTR）

【国井】　改めて見ると私も感動します。これには続きがあって、人生の最後に嫌な経験をしたけれど、また、もう一度人を信じることができるようになるというとてもいい経験をさせていただいたという、お年寄りの言葉が続きます。

取り戻したのは千二百億円のうちの百三十億円ですから、結局十分の一しかお金は戻ってこなかったのです。私もスタジオでは中坊さんにお話をうかがいました。お年寄りたちはお金を取られただけではなく、肉親からも近所の人々からも、欲ぼけだとか、おばあちゃんがお金をもうけようなどと思うから、おじいちゃんの大事なお金を全部取られたんだと言われていたのです。訴訟を起こすことになっても、恥ずかしいからと公に顔を出すことができません。お年寄りたちが二重の被害を受けていることに中坊さんは非常に憤りを感じて、必ず国からも金を取り戻そうという決意を新たにされました。

中坊さんのエネルギーは、現場で自分が知った年寄りたちの思いをバックにしています。弱い者が差別されるような法律ならば、それは変えるべきだというのが、中坊さんの、非常に強い弁護士としての基本姿勢でしょう。そのような姿勢を培っているのは、これからお話しする「現場」ということです。

●現場は宝の山

【国井】　私はふだん色紙をお願いすることはあまりありませんが、中坊さんには、私と久保純子に一枚ずつお願いしました。私には「現場に生きる」という一文を、久保さんには「現場は宝の山」と書いていただきました。この言葉は、私たち放送の仕事に携わる人間にとっては非常に重い言葉です。

豊島の産業廃棄物の問題でも、中坊さんは、本で読むのではなく現場へ行っていろいろな人に話を聞くのです。なぜ、どういうことで問題が起きたのか。臭いで困っているのか、豊島を再生する上で困っているのか。そうしたことを、現場のさまざまな人に聞く。それが一番だと言いました。

「国井さん、必ず現場へ行きなさい。現場に行けばいろんなことがわかるし、矛盾も発見できます。現場へ行ってさまざまなことを知れば、それが自分のエネルギーにもなるし、訴訟を起こす際に論理を組み立てていく上でも非常に有効です」と。

我々は、自分たちに都合のいい構成を考えて、いざ取材に行ってみたら現場はそれとは違っていたということがよくあります。そういうときに、現場を私たちの考えた構成に合わせるようにしてつくっていく、例えばインタビューで、このように話してほしいと頼むようなことをすると、大体その番組はだめになっていきます。

現場へ行って、こちらの構成が破綻しかねないほどの現実に出会ったときには、そこからもう一度出発し直せばいいのです。そうすると新しい発見ができて、番組もダイナミックなものになっていくでしょう。

こちらの構成に合わせてそのとおりに撮ってくることは、極端な場合はやらせになったり、真実ではないものを伝えることになってしまいます。それを考えると、現場で叩かれることは大切なのです。中坊さんの話からも、現場へ行くことが大事だとつくづく思いました。

伯野さんも、豊田商事の取材を始めたときは途方もない作業までやらされて苦労したようですね。

●一枚の意外な写真

【伯野】　豊田商事に関しては、先ほども話したようにまとまった資料が殆どないので、中坊さんにどうしたらいいだろうかと相談しました。すると、じつは大阪のある倉庫に、当時の資料が半分ぐらいまだ残っているというのです。それを読みなさい、と。現場は宝です、と言われたのです。よし、と、その倉庫に向かいました。驚いたことに、三階建て倉庫に、段ボールが千箱ぐらいありました。こんなものをどうしろっていうんだ、とため息が出る量でした。

正直なところ僕はあきらめかけました。千箱という量ももちろんですが、ちょうど夏のまっさかりで大変な暑さでした。倉庫には窓もなく、そんなところでこんなに大量の資料を読めと言われても尻込みします。

そのときに、たまたま最初に開けた棚に豊田商事の社員の給料明細票があったのです。今、ビデオを見ながら皆さんも数えていたようですが、僕も一、十、百、千、万と桁を数えて、これは異常な額だ、異常な事件だと思いました。それで、力の及ぶ限り徹底的に読み込んでみようと思ったのです。

それからは、文字通り一日中倉庫にこもって読んで、わからないところが出てきたら弁護士さんにレクチャーを受けるという作業を、延々と一カ月近く繰り返しました。五キロくらいやせました。

一つのことがわかってもまた壁にぶつかり、それをクリアするとまた壁にぶつかりました。それの繰り返しです。三週間ぐらいたったときに、全貌を理解するのは難しいかもしれないと思いました。弁護士さんたちが一年以上かけてやったことを、一人で一カ月でできるはずはありません。

その時、一冊のアルバムが出てきたのです。そこには弁護士さんたちの忘年会などが写っていたんですが、その中に気になる写真が一枚あったのです。女性の写真でしたが、どこかで見たことがある顔です。写真の裏には坂本さんと書いてありました。そのときはそれっきり忘れてしまいましたが、その後中坊さんとしゃべっているときにふと思い出して聞いてみました。すると中坊さんが、オウムに殺された坂本弁護士の奥さんだと言うのです。

この訴訟には全国の弁護士がかかわっていたのですが、坂本弁護士の奥さんが、東京の弁護士の事務員として豊田商事の被害者の方の心のケアというのか、相談相手になっていたのです。非常に驚きました。

更に驚いたのが、警察の現場の責任者が、後に銃で撃たれた国松長官だったことです。『プロジェクトX』で私たちはよく、リーダーが「震えた」というコメントを書きますが、現場で自分が震えたのはあれが初めてでした。どんな苦労をしてでもこの番組はやるべきだと僕は思いました。

●番組を支えている事実の重さ

【国井】　大量の資料を読みこなさなければ、全体像がわからないというところから始まって、たまたま一枚の写真に写っている女性に見覚えがあり、オウムの坂本弁護士の奥さんだとわかる。そうやって広がっていくというか、番組をつくるうえでは、これがさまざまに展開し得る要素になっていくわけです。

それは同時に、どんどん突破していかないと使えないのですが、それだけ現場でさまざまな資料をあさっていくうちに見えてくるものがあるということです。しかも、それがディレクターの意欲にまでなっていくという、典型的な例でしょう。

伯野さんはそういう面でねばり強さがあります。おそらく今NHKでいちばんねばり強い男ではないでしょうか。そのねばり強さで、あの番組の深い取材がなされているのです。『プロジェクトX』はドラマ仕立てになっていますが、それはあくまで細部の真実に支えられているのです。現場というのは、ほんとうにいろんなものが見つかって大変ですが、まさに宝の山なのです。

●会ってみたかった杉田さん

【国井】　私たちは今までに八十本近く『プロジェクトX』を制作・放送していますが、ディレクターが探してくるいろいろな主人公に、私は毎回めぐり会います。感動を受けた人や尊敬する人は何人もいますが、特に瀬戸大橋のプロジェクトの杉田秀夫さんは、生きておられたらぜひ会いたかった方でした（第三十九回「男たちの不屈のドラマ　瀬戸大橋」二〇〇一年二月六日放送）。いろいろ話を聞いても、地元の人たちからもひと言も悪口を言われない、これほどの人物は珍しいでしょう。

杉田さんは東大の土木科を卒業して国鉄に入り、将来は技士長にもなるだろうというぐらい能力のあった人でした。四国丸亀の出身ですが、当時、修学旅行の子供たちを乗せた紫雲丸が沈むという事故があったこともあり、四国と本州を結ぶ橋がどうしても必要だということになりました。

彼は本四公団坂出工事事務所長として出向ではなく転籍して赴任しているんですが、その際三、四年出向して戻ってくればいいんだという同僚や上司に対して、日本でも初めてといっていいほどの大きな工事だからどうなるかわからない、沈むかもしれない船に乗るのに、自分だけ浮き輪を持ってはいけない、と答えているんです。杉田さんは、それほどの覚悟を持って工事に臨んだのです。

事実、昭和四十八年にオイルショックが起きて、工事は五年間中断しました。

杉田さんは十年間現場にとどまって昇進も望まず、生涯賃貸アパートで三人のお嬢さんを育て上げました。清廉潔白で、地元の漁師たちとの話し合いは五百回ぐらいあったそうですが、杉田さんはスーツは全く着ず、作業服姿で、ほとんど単身で話し合いに行きました。また、毎日自転車で丸亀から坂出まで三、四十分かけて通い、所長用の送迎車は一度も使いませんでした。そうしたことを、部下がみんな真似していくのです。

後年、杉田さんが現場を離れるときに、かつての瀬戸大橋の部下たち二百七十九人が、みんなで贈り物をしようと金を集めました。集まった百八万円を杉田さんのところへ持っていったら、何を考えているんだと怒られたそうです。杉田さんはそんなものは要らないと言ったのですが、杉田さんを慕う部下たちの必死の頼みに折れて受け取りました。彼はそのお金を使って、ボジョレー・ビラージュ・ヌーボーというワインを二百七十九人全員に一本ずつ贈ったのです。その代金が百四十万円ほどかかったので、三十万円ほどは杉田さんの持ち出しになりました。それぐらい豪快、痛快な人で、会って話をしたらすばらしい人だっただろうと思います。

いちばんすごいと思ったのは、所長になって赴任したその日に、杉田さんがウエットスーツで海に飛び込んだことです。そんなことは普通は潜水の会社の人がやることです。潜水士が写真を撮ったり海水の流れなどを調べたりし、杉田さんたちはその報告を受ければいいのです。

所長みずからが海に潜る必要は全くないのですが、彼は、どんな海底なのか、みずから現場を見に行きました。驚く部下に、潜水士の話で間接的に知るのではなく、自分で確かめるのだと説明したそうです。

そのうちに部下たちも潜水を覚えるようになりました。杉田さんは、潜水士を今から勉強させて土木屋にするには時間がかかるけれども、土木屋に潜水を覚えさせるのはもっと早くできる、だから土木屋が潜水を覚えたほうがいいんだ、と言っていました。そういう頭のいい人でした。

四十八年のオイルショックで五年間若い人たちがやることがなくなったときに、杉田さんは部下をアメリカに行かせました。むろん自費です。当時自費でアメリカに行くのはまだ大変なことでした。それでも彼は、ゴールデンゲートなどの橋を部下に見せたかったのです。瀬戸大橋は日本にはそれまでにない大きな橋になりますから、アメリカで巨大な橋を見て実感する。それが自信につながるのです。実際、部下の人たちは、その後工事を進めるなかで、実際に巨大橋を見てきたことで身についた自信が力になったと言っているのです。

さきほどの中坊さんの話と同様に、杉田さんの考え方の基本的にあるのもまた、現場の大切さということでしょう。

●現場から新しいものが生まれる

【国井】　ドーバー海峡にトンネルを掘ったトンネル掘削機の開発の話もそうです（第六十七回「巨大モグラ　ドーバーを掘れ」二〇〇一年九月二十五日放送）。ドーバー海峡の、フランス側の一番地盤のゆるいところの海底部分を掘った機械を開発したのは日本の技術者たちでした。

トンネル掘削機は、シールド工法といって、機械の先端につけた歯を回転させながら掘り進みます。欧米で開発された機械を日本に持ってきて使ったのですが、日本の土がやわらかすぎて、歯が折れたりしてうまく進みませんでした。

川崎重工のエンジニアたちは、現場でどういう作業をするのかを見に行きました。当時はまだ手掘りが多く、現場の労働者に言わせれば手掘りのほうが速いのです。川崎重工の持ってきた機械は、壊れてばかりいるのでなかなか作業が進みません。労働者たちに「おめえたち帰ってくれ。邪魔になるから」と言われながら、機械を直していました。

彼らはいちばん大事なのは土だということに気がついて、土を徹底的に研究しました。そして日本の土にも対応できるシールドの歯をつくったのです。

それは極めてレベルの高いものでした。ドーバー海峡トンネルのいちばん難しいところは日本の技術によってしかできないといわれるほど、高度なものに成長したのです。ただ単に技術屋が設計して機械をつくるのではなく、日本の土はどういうものかを、常に作業の現場を見てものを考え、発想していったことが、成功の一つのきっかけでしょう。

宅急便もそうです（第五十四回「腕と度胸のトラック便」二〇〇一年五月二十九日放送）。宅急便は、老舗のヤマト運輸が、西濃運輸などの新しい運送会社に追い上げられて業績が落ちていき、このままだと会社が危ないとせっぱ詰まって始めたものだったそうです。

番組では、北海道の過疎地へネットワークをつくるための悪戦苦闘を描いたのですが、宅配便をいちばん必要としているのは過疎地のお年寄りです。郵便局まで行かなくても、自分の家まで取りに来て届けてくれるサービスが必要なのは、そういう過疎地です。

会社側にしてみれば、過疎地へネットワークをつくることは採算に合いにくく、都市部の密度の高いところで仕事をすれば採算に合うのです。でも、いちばん採算に合いにくいところも含めて全国ネットをつくれば、喜んで使ってくれる人たちがたくさんいるだろうと考えました。現場でお年寄りたちの要求が何かをきちんと捉えているからこそ、苦労をいとわず実現へ向けて努力し、そして全国ネットができてからすごい勢いで伸びていったのです。

しかも、それは単に物を運ぶということではありません。過疎化や高齢化が進んでいる地方の漁村や農村の村おこしにも、ネットワークが活かされるようになりました。今ではよくありますが、注文をとって地元の新鮮なシャケや貝をクール宅急便で送ったりしています。そういう思わぬ価値を生み出してもいるのです。

この番組では、現場で何が必要とされているのか、現場で何が問題なのかを考える人たちのすごさが描かれているともいえるでしょう。

放送の仕事に携わっている人間も、大事なのは、現場で何を見るかでしょう。

●発想力と論理的に考える能力

【伯野】　そういったリーダーの方にも何人かお会いして私が思ったことがあります。たしかに現場を調べることは大事だし、それは大前提です。でも、それにプラスして、発想する力と論理的に物事を考える能力の二つがないと、新しいものは生み出せないのではないでしょうか。

若いディレクターに、本を読むよりも現場に行って空気を感じてこい、そして調べてこいと指示すると、現場であったことを全部調べて、調査資料だと言って一冊の本のような分厚いレジュメをまとめてくる人が少なくありません。

百何十ページもあるものを全部読めと言われても困るのです。確かによく調べているし、現場の空気もよくのみこんで書いてあります。でも、いちばんの問題は、番組としてどのような物語が構築できるのか、どの人が主人公になるのか、ということです。それが要領よく書かれていなければ何の意味もありません。

どういう物語にするかを考えるときに必要なのが、論理性や発想です。論理的に物事を構築していかないと必ず破綻します。それが難しいということを、私は最近感じていますが、現場で調べ、そこに一つの発想を持ち込み、論理的に構築していく能力が、クリエイティブな仕事には絶対に欠かせません。

【国井】　そうですね。提案は紙一枚で、こういうものが要素でこんな番組ですと、ぱっとわかるのがいいのです。分厚いレジュメを読んでも、逆に何が何だかわからなくなってしまいます。

ディレクターがきちんと取材して、現実を見て理解すれば、一枚に書けるのでしょうが、それが難しいのです。全部調べましたといって、ある会社の売上高や人数から、どこに支店がある、何がある、とあらゆるものを並べても、番組にはなりません。

【伯野】　商品開発にしてもマーケティングにしても同じではないでしょうか。総花的に全部調べて、その上でこれが売れるのではないかと提案するときには、なぜそうなのかというひらめきが不可欠です。iモードの生みの親の方はコンピューターを使えなかったといいますが、ある種の発想があって、なぜ売れるかが論理的にわかっていたのだろうと私は思います。

もちろんクリエイティブな仕事には感覚も大事ですが、感覚を裏打ちする論理性がないとできないでしょう。

●人とのかかわりを恐れないで

【国井】　きょうは若い学生の皆さんもいらっしゃいますが、私などから見ると、何より人を好きになってほしいと思います。人が嫌いだと放送の仕事はできないでしょう。

人に会いに行って出演交渉をしても、断られたらそのまま帰ってくる人が多いのです。相手にほれこまないのです。相手に嫌がられると、しようがないと、すぐに帰ってきてしまう。

相手にほれたら、そんなにすぐには帰ってこないのではないでしょうか。伯野さんはそうではなく、捨てられても捨てられてもついていって、最後はこういった大きな番組をつくるのです。

多くの人は、人に迷惑をかけるのが嫌でそこまでやりません。人に迷惑をかけるのはたしかに悪いことですが、放送の仕事というのは最初から人に迷惑をかける仕事です。私たちの商売はいわば人の土俵で相撲をとる、人の姿を借りたり生き方を借りたりしながら番組をつくっているわけですから、言ってしまえばやくざな仕事です。

自分たちだけで創造的価値をつくるのではなく、人のやったことを追いかけながら番組をつくるのです。そういう面では最初から人に迷惑をかけるのは当たり前のことですから、今日は会ってすぐ帰ってきましたと言われると、こいつはやる気があるんだろうかと思います。

人と関係を持つことを恐れる若い人が増えてきているような感じがします。もう少し人間が好きだという人が出てくると、いい番組ができるのにと私は直感的に思うのですが。

それは、大人の世界の反映なのかもしれません。バスに乗っていて立っている人がいたときに、ちょっとつめて、どうぞお座りなさいと言っても、言われた人は知らん顔です。嫌なものにはかかわりたくない、めんどうなことにはかかわりたくないという傾向が世の中に蔓延していて、それは子供たちの中にも青年たちの中にもあるのです。

でも、かかわるのが嫌だという人は、放送の仕事には全く向いていません。

【伯野】 できればかかわりたくないような人のほうが案外すごいことをやっていることもあります。そういう相手を取材することが多いですから、人が好きになれない人には難しい仕事です。

【国井】 そうですね。ですから、若い方でこれからマスコミを専攻される方は、まず人を好きになるところから始めてほしいのです。しつこいくらいに好きになる、その資質があればやっていけます。

大学で優をいくつとっても関係ないし、むしろかえって厄介だったりします。たくさん本を読んで番組をつくるとか、パソコンを使っていろいろな資料を読みさえすれば番組ができると思っている人が最近多いのです。

そうではなくて、実際に町へ行ったり海へ行ったりして、いろいろな人に会ってさまざまなものを見て、何でこんなことが起きているんだろう、だれかに聞いてみたいな、と思える人、また取材に出たら一カ月や二カ月帰ってこないぐらいの好奇心の塊みたいな人がこの仕事には向いています。

ある新人のアナウンサーが初めて私にした質問は、「国井さん、学生時代に結婚したんですってね。それ以降、男女関係はどのぐらいあるんですか」というものでした。最初はそれでかまいません。本人がいちばん興味があることを聞けばいいのです。ずっとそれだけだと困りますが、自分にとっていちばん知りたいことをどんどん聞く、なぜなんだろうかと、がむしゃらに入っていくという姿勢が大事です。

優等生は絶対にそういう質問をしません。お行儀よく「国井さん、最近見た番組で気に入っているのは何でしょうか」と聞くような優等生は向かないのです。

●情報を鵜呑みにしないこと

【国井】　今度のテロ事件を見ても、私は、世の中が流動的になったといっても基本は変わっていないと思います。今、逆に知りたい情報は伝わってきていないという感じがします。

例えばカタールの、オサマ・ビンラディンやタリバン側の情報が出てくるアルジャジーラという放送局があります。あの放送は宣伝をねらっているし、だからなるべく放送しないようにという圧力をアメリカ政府がアメリカ国内の放送局などにかけたと言われています。お互いに宣伝合戦をして、自分に都合の悪いものは一切出さない、出させないという時代になってくると、情報化社会というかけ声とは逆に情報のない時代、真の意味の情報がなくて、加工されたものだけが出るようになります。

でも、だからといって、アフガニスタンにみんなが行くわけにはいきません。私たちはそれだけ責任のあるところに勤めているのだと思います。事実をつきとめるためには感度のよさが必要です。情報を見たときにこれはオブラートで包んであるとか、これは意識的にやっているとかが敏感に察知できなければいけません。さもないと何かあったときに、そんなはずじゃなかった、ということになります。そういうことが出てくる感じが、私は最近しています。

できる限り自分で確かめる習慣や、自立して判断できる能力が大切です。NHKの放送は全部正しいと思わないで、これはどうかなとか、という姿勢で見てもらいたいと思います。『プロジェクトX』の話に戻ると、今の瀬戸大橋にしても、三本必要だったのかとか、何兆円もの赤字を税金で賄うのかとか、もめているところです。なぜ『プロジェクトX』はあんなものを取り上げるんだという意見もあっていいのです。スタッフもそういう議論はしていますし、新幹線をやれば、一方では騒音公害で苦しんだ人たちもいるのですから、騒音プロジェクトもあるわけです。

でもこの番組は、あるところでの人間が厳しい条件の中でどうそれを乗り越えていったのかということが主眼です。是非論を戦わす番組ではないし、一つの番組で全部取り上げることはできません。

私は成功したプロジェクトばかりではとも思うし、たまには失敗したプロジェクトも取り上げてみたい。また、泣くのではなくて、笑えるプロジェクトはどうでしょうか。何とまあ、こんなことまでようやってくれたと、おなかを抱えて笑い出すというようなのも、一回でもいいからやってみたいと思います。

いろいろな課題はあるのです。パターン化しているのではないかとも、私はしょっちゅう言っています。でもこのパターン化がいいという視聴者もいるのです。中島みゆきさんの歌が聞こえると条件反射で泣く時間だと待っているわけです。

中小企業の経営者などからよくメールをいただきますが、彼らも不況で大変ですから、中島みゆきの歌を聞きながら今日も頑張っています、でも、いつまでもつかわかりません、と書いてきます。私は、悪いことばかりは続かないから一緒に頑張りましょうと、励ましにもならないような励まししか言うことはできませんが、『プロジェクトX』を見て皆さんに元気になっていただけるのならうれしいことだと思います。

走る

瀬古利彦

瀬古利彦（せこ　としひこ）

一九五六（昭和三十一）年、三重県に生まれる。高校で本格的に陸上を始め、早稲田大学で中村清監督（故人）と出会ってマラソンに転向する。大学一年のとき初マラソンで新人賞を獲得。大学卒業後、ヱスビー食品（株）に入社。一九七八（昭和五十三）年に福岡国際マラソンで優勝し、以来、ボストンマラソンをはじめ数々の国際的なマラソン大会で優勝、十五戦十勝という記録を持つ。現在、同社の陸上競技部監督として後進の指導に当たっている。

●距離への不安

マラソンは四十二・一九五キロを走ります。死に行くゴールなどともいわれますが、その言葉のとおり、長くて厳しい戦いです。

マラソン選手はどんな練習をするのでしょうか。四十二キロという距離はとても長い距離です。箱根駅伝のコースだと東京駅から戸塚までがおよそ四十四キロです。マラソンの長さがおわかりいただけると思います。長いと思ったら走れませんから、選手はこれが短く感じられるような練習をするのです。一般的な練習は、朝六時ごろ起きて、朝飯前に十キロから、多い人で二十キロぐらい走ります。午後に三十キロから四十キロ走る。毎日は走りませんが、大体そんな感じです。

僕は、一日に最長八十八キロ走ったことがあります。宗兄弟は、百二十キロぐらい走ったと言っていました。高橋尚子さんは「とっても楽しい四十二キロでした」と言いましたが、大したものです。僕は楽しかったことは一回もありません。

彼女は昨年世界記録を出したとき、百九十五メートル行ったら、もうあと四十二キロだから記録が出たと思ったと発言しました。あとたった四十二キロだというのはなかなか言える台詞ではありません。

マラソン選手は距離への不安を消すことが不可欠です。だから僕は、とにかく六十キロとか七十キロとかを走ることで「四十キロの距離は短い」と自分に言い聞かせながら長い距離を走っていました。高橋尚子さんは練習で一カ月に四十キロを十五回走るそうです。二日に一回四十キロ走ることで距離の不安を解消しているのでしょう。高橋尚子さんの練習方法を聞くと、外国人選手はみんなびっくりします。

今解説者をやっている増田明美さんは現役時代はとても強く、マラソンはもちろん、五千メートルでも一万メートルでも日本記録をつくりました。彼女に走る以外に何か練習しているのかと聞いたことがあります。すると、「私、夜六時に食事をしたら、その後腹筋を五千回やるんですよ」と言うのです。五千回やるには大体二時間半かかるそうです。その後背筋を五百回やる。それを毎日繰り返すのです。考えてみればばかなことかもしれません。大体、マラソン選手に頭のいい人はいません。考えたら走れないのです。みんなただ強くなろうという一心で練習をやっているのです。

けれども、今非常に強いエチオピアやケニアの選手は、小さいときから二千メートルの高地に住んでいて、家に自転車もないから、小学校に通うのに毎日五キロ、十キロ走っていたような人たちです。そんな人々に日本人が勝とうと思ったら、彼らと同じことをしていてもだめです。

ヱスビー食品にワキウリという選手がいました。ケニアの選手で、ソウル・オリンピックで銀メダルを取りました。彼はものすごく目がいいのです。一キロ先のものでも見分けるほどで、視力が一〇・〇あるようなものだというのです。日本に来たらちょっと目が悪くなって五・〇になったと冗談を言っていました。彼らは走ることも含めてそういうレベルにいるのです。ケニアやエチオピアの選手はほんとうに素質があってすごいと思います。日本人が彼らと勝負するには練習しかありません。

●マラソンは平等な競技

僕はマラソンが大好きです。なぜかというと、日本人でも勝てる種目だからです。百メートルはカール・ルイスです。残念ながら見ただけで、その瞬間に負けたという感がします。百メートルの選手は、極端に言えば素質が九十九パーセント、努力が一パーセントでしょう。

マラソン選手は素質が五十パーセント、努力が五十パーセントです。日本人でもなりふり構わず努力をすれば勝てる。僕はマラソンが、平等だから好きです。

今僕は男子選手を見ていますが、練習する人はしますけれども、質量ともできない人が増えました。

いつも僕は選手にこう言っています。当たり前のことを当たり前にできる人が当たり前の選手でなくなるんだから、当たり前のことをやれ。練習するのは当たり前だ、どうすれば強くなるか、二十四時間陸上競技のことをを考えろ。ケニアの選手が自転車に乗らないのなら、おまえたちも自転車に乗っていないで歩け。車に乗るな、エスカレーターもエレベーターも乗るな。

今の若い選手は、駅で監督が階段を上っているのに自分たちはエスカレーターで上ります。意識が低いのです。それを教えるのが監督の役目です。

●プロ化で何が変わったか

僕らのころと違って、マラソンも今はプロ化しています。高橋尚子さんは今ものすごく稼いでます。コマーシャルが一社五千万円で、それで六社やっています。この間のベルリンマラソンでは、出場しただけで三千万円出るし、優勝しましたからあの一試合で一億円もらえます。積水化学からももらっているし、年収は五億円ともいわれています。

今、強い選手は一試合出れば出場料が出るし、優勝すると外国では五万ドルとか七万ドルとかがもらえるのです。日本人が五万ドルもらっても家も建ちませんが、ケニアやエチオピアでは五万ドルといえば大金です。だから選手たちは一生懸命やるのです。お金のことを言うのはよくないかもしれませんが、そういう目先のものがあると人間は奮い立つものです。

また、マラソンは苦しい競技ですから、先進国の人はだんだんやらなくなってきました。先進八カ国首脳会議がありますが、その中でマラソンが強い国は日本とイタリアぐらいしかないのです。あとの国では、マラソンのような苦しい競技をやる人がいなくなってしまいました。

この間北京でも同じような話を聞きました。二〇〇八年には北京オリンピックがありますけれども、北京も裕福になってきて、マラソンをやる人がだんだんいなくなってきたそうです。裕福になってきた時期にいいマラソン選手を探すのは難しいことなのです。

また、今ではドーピングをやってでも勝とうという選手が大勢います。勝てばお金になるからです。

長距離選手は筋肉をつけるためのドーピングはあまりやりません。高地訓練をやったように酸素摂取能力を高める薬を血液に入れるのです。そうすると、血液が酸素を運搬してくれるので呼吸が楽になるという効果があります。

ひところ非常に強かった中国の馬軍団も、漢方薬で血液を濃くしているという噂がありました。この間のシドニー・オリンピックでは、馬軍団の選手はほとんど出場しませんでした。一度は何人も代表選手に選ばれたのですが、ドーピングが問題になって辞退したといわれています。問題になった薬物は尿からは出なくて、血液検査をやらないと検出できないものでした。普通の大会ではドーピング検査は尿採取しかやらないのですが。

ドーピング検査は僕もやりましたが、試合が終わった後すぐに尿を出さなければなりません。マラソンが終わった直後です。体の水分は汗になって出てしまっていますから、ただでさえ尿など出ないのに、後ろで男の人がずっとついていますから、緊張してしまってなおのこと出ません。昔、ドーピング検査で男性の尿から妊娠反応が出たことがあります。その選手は走る前に、他人の尿を膀胱に入れたのです。それで尿を出したら、妊娠反応が出てしまったという裏話もあります。

日本人はまじめです。でも外国には、命がなくなっても名誉と金が欲しいという人がいます。ドーピング疑惑が絶えなかったある女性ランナーは、百メートルで男性並の驚異的な記録を出しました。僕はよく彼女に試合場で会いましたが、やはりひげが生えたりしていました。おそらく薬の影響でしょう。問題となっていた薬物はしょっちゅうやっていると早死にするといわれていましたが、彼女はやはり死んでしまいました。

ドーピングは、体を悪くするし、不公平です。不公平というのは一番よくないので、どんどん取り締まってもらいたいと僕は思います。

●走っているときに考えること

マラソンで走っているとき、何を考えるか。この間、高橋尚子さんもそれを聞かれて困っていましたが、マラソンの最中にはいろいろなことを考えています。皆さんが八百屋に買い物に行くときに、家から出て何を考えて歩いていますか。それと一緒です。いっぱい考えてはいるのですが、何を考えているのかわからないのです。レースのことも考えているし、あれを食いたいなとか、そういうことも考えているし、いろいろなことを考えながら走っているのです。二時間もありますから、そうやって気分転換をしないともちません。

人間の集中力は九十分が限界だといいます。だから大学の授業は九十分なのです。その上話がおもしろくないと、九十分が百二十分になったような気持ちになってしまいます。マラソンは男子の場合約二時間十分走りますから、集中力の限界を超えて走ることになります。九十分で約三十キロ走ってきて、あと四十分走らなければならないのです。そこで気持ちが切れないように、いろいろな気分転換をするわけです。

僕は、走り終わったら何を食おうかなとか、走り終わった後のビールはさぞうまいだろうとか、そういうことも考えていました。高橋尚子さんも、皆さんが買い物に行くような気持ちで私も走っていますと言っていました。

試合の前のほうが、いろいろなことを考えて不安になってくるのです。特に走る直前、三十分前ぐらいになると、トイレに行きたくなります。

マラソンの最中に漏らしている選手を僕は三人ほど見たことがあります。外国人選手は走っている途中で平気でやりますが、僕はびっくりしました。僕はそういうことにならないように試合前にトイレに行っていました。瀬古はトイレに入ったら出てこないと有名でした。

汚い話ですみませんが、一切れが出ないのです。そのために十分ぐらいトイレにこもってしまって、マネジャーが「五分前だ」と呼びにきました。「いや、出ないんだ」と言って、最後は指を突っ込んで出したりもしました。

●野球から陸上へ

僕は小学生のころから走るのが大好きでした。学校に行くのにもよく競走で走ったりして、遊びながら走っていました。僕が育ったのは三重県の桑名市ですが、ずいぶん田舎でどこの家でも野菜をつくっていましたから、腹が減れば柿を食べたり、ミカンやスイカを食べたり、そういう自然の中で育ちました。

僕は選手時代に、おなかが痛くなったり、胃が痛くなったりしたことがありません。多分母親から強い胃腸を受け継いでいると思いますが、やはりそれだけではなくて、田舎で育って自然なものを食べて、丈夫な体ができたのでしょう。

今の子供はすぐコンビニに行ってお菓子を食べたりしますから、食事時におなかがすいたと言う子が少ないようです。だから体力もなくなっています。

でも僕も最近はちょっと胃が弱くなってきました。指導している選手が思うように走れないと胃が痛くなるのです。それで最近ようやく、胃ってあるんだなと思うようになりました。

小学校のときから走るのが大好きで、中学校に入ったら陸上をやろうと思っていたのですが、野球も大好きでしたから結局野球を始めました。野球というスポーツは案外よく走ります。僕はピッチャーをやっていましたがずいぶん走りました。僕がいた野球チームは県大会に行きましたが、一回戦か二回戦で負けました。

陸上競技を始めたきっかけは、先生に「おまえは陸上部の選手より速いから出てくれないか」と言われて試合に出たのです。すると、市の大会に優勝し、県大会でも優勝してしまいました。その当時はランキングが全国で百位ぐらいでしたが、自分自身が一生懸命やればそれが結果に出ますから、自分には陸上競技のほうがいいのかなと思いました。

野球はだれかがエラーしたから負けたとか、いくらでも人のせいにできますが、マラソンは人のせいにはできません。そこがやはり自分には合っているという気がして、高校に入ったら陸上をやろうと思いました。

●早稲田に入学できるまで

高校から本格的に陸上競技を始めました。インターハイで八百メートルと千五百メートルの中距離二冠王を二年連続とったものですから、いろいろな大学から来ないかと誘われました。

やはりいい大学に入りたいし、僕は野球をやっていたころに憧れていた早稲田に入りたいと思いました。早稲田にも誘われたのですが、残念ながら試験があると言うのです。もちろんどこの大学でも試験はありますけれども、早稲田は点をとらないとだめなのです。これも当たり前ですが。

「えー、勉強やるんですか」と僕は思いました。勉強などやったことないのです。それまで走ってばかりで、それでとってもらえるものと思っていましたから、急にそう言われても無理です。それで僕は早稲田をあきらめました。

別のある大学が入れてくれるというのでその大学に決めました。ところが一月の終わりにある方から電話があり、「瀬古君、受かるから、受けてくれないか」というのです。そう言われたらだれでも信用するでしょう。僕は早稲田に試験を受けに行きました。試験はできませんでしたが、入れてくれるというから大丈夫だろうと思って合格発表を見に行ったら「桜散る」でした。

そこで僕は日本を離れてみることにして、アメリカの南カリフォルニア大学という大学に一年間行きました。当時まだ十八歳で、よくわからないまま、アメリカに行けばなんとかなるだろうと思ったのです。

アメリカでは当然のことながら言葉は英語です。日本語もまともにわからないのに、英語などわかるはずがありません。南カリフォルニア大学は短距離選手ばかりで、長距離はコーチもいません。そんななかで僕は一人で走っていました。

その間受験勉強も少しはやらなければならないし、英会話も勉強しなければなりません。十八歳の若造に三つも四つもやれといっても無理です。また、日本人留学生はずいぶんいましたが、留学生は金持ちで遊び人が多かったのです。「飲ませてやるから来い」などと言われれば、そっちのほうが楽しいに決まっています。

僕は少しばかり遊びを覚えて、そちらのほうが楽しくなってしまい、ストレス解消のために遊んだり食べたりしました。アメリカの食事は量が多いのです。日本とはけたが違います。日本では朝ご飯はみそ汁と納豆とご飯ですが、アメリカでは朝から肉やハンバーガーで、ジュースもコーラも飲むし、アイスクリームさえ出てきます。

それやこれやで、食うことに専念してストレスを発散していたら、五十八キロだった体重が六十八キロに増えてしまいました。僕はもう選手生命は終わったなと思いました。二月になったら帰ってこいと言われて、こんなことで早稲田は入れてくれるのだろうかという不安はありましたが、とにかく帰ってきました。

●中村先生との出会い

一年間アメリカで生活してから早稲田にめでたく入ったものの、僕はもうインカレの選手ぐらいで終わりかなと、自分でもはっきり思っていました。そして三月に初めて早稲田の合宿に行ったのです。そこに恩師の中村清先生がいらっしゃいました。

当時早稲田の競走部は弱くて、早慶陸上にも負けていたし、箱根駅伝にも出られませんでした。そこに瀬古が入ってきたからと、OBが、くせがあるけれども監督はこの人しかいないといって送ったんでしょう。

こうして僕は中村先生と出会いました。僕は中村の「な」の字も知らなかったのですが。中村先生はこう言いました。「おまえは足が短いな。八百メートルや千五百メートルをやったってだめだぞ。マラソンをやりなさい。マラソンならおまえを世界一にしてやるから」

じつは中村先生は、だれにでもそう言っていたのです。百メートルの飯島秀雄さんにも「おまえ、マラソンやれ」と言ったそうです。

言ってみれば僕はだまされたのですが、でもそのときに中村先生は、みんなの前で「こんなに競走部を悪くしたのはOBが悪い、おれが謝るから」と言って、自分の顔を平手で三十発ぐらい叩いたり、黒板に向かって五発ぐらい頭を打ちつけたりしたのです。みんなびっくりしました。そんな人にマラソンをやれと言われて、ノーとは言えません。

中村先生についていては、もっと驚くような話がたくさんあります。「おまえら、私が一生懸命やるから、私の言うことを聞いてくれ」と言うわけです。「この砂を食べたら世界一になるよ。おまえら監督にそう言われたら食えるか。もし私が選手だったら食うよ」と、砂を一握りガブガブと食ってしまう。圧倒されました。こういう人はいるのだなと思いました。

中村清先生という人は、自分の味方ではない人はみんな敵なのです。先生は人の悪口も言うし、敵が多い。でも、味方に対しては誠心誠意やる人です。

中村先生は陸軍中野学校を出て射撃学校の校長までやった人で、ライフルの名人です。ある日、ある選手に「おまえはわしの言うことを聞けないか」と怒って二階からライフルを持ち出してきて、「おまえを殺してやる」と迫ったこともあります。憲兵だったから人を何人も殺しているというのです。「おまえら殺したって、二年ぐらい刑務所に入っていればすぐ出てくるんだから」と言っていました。ほんとうに殺しかねない人だから、心底怖いのです。

小出義雄さんは優しい人ですから、みんなをほんわかさせます。中村先生は怒る人でしたが、小出さんは怒ったことがないそうです。褒めて、褒めて、高橋尚子さんに小出さんといるときが一番楽しいとまで言わせてしまうのです。僕は中村先生といるときがつらくて嫌でした。

●中村先生の教え方

そんな人に僕はめぐり会えました。中村先生は僕に、二十四時間陸上競技をやりなさいと言いました。走っている時間は朝一時間と午後二時間しかないのだから、ほかのことを一生懸命やらないといけないということです。走るのは当たり前だ、そのほかの二十時間をいかに過ごすかでマラソン選手は違うんだよと言われました。

女性とつき合うことも禁止でした。ご自分は学生結婚しているのですが。ウォークマンも禁止です。音楽を聞くんだったら腕を振ってろ、と。小出さんは高橋尚子さんがウォークマンを聞いていても全然平気だけど、中村先生はだめでした。

そして必ず夜十時には寝ろ、です。その頃の僕はやる気まんまんでしたから、それをちゃんと守っていました。また、とにかく歩け、練習以外は歩けとも言われました。当時僕は千駄ヶ谷に住んでいて、千駄ヶ谷から早稲田大学までの五キロぐらいの道を歩いて行っていたりしていました。ただ歩くのではもったいないから、安全靴を買ってきてそれを履き、石を一キロぐらい持って一生懸命歩いていました。だから、今の選手が自転車に乗ったりしているというのは、ほんとうに考えられないのです。

ひとつやってやろうという気持ちが、当時の僕にはあったのです。宗兄弟がちょうど全盛期のころでした。陸連の仕事をやっていた中村先生が、宗兄弟を連れてニュージーランドに合宿に行ったことがありました。宗兄弟は四十キロを一日二本走るというのです。朝早く走り、また夕方走るのです。八十キロです。

世の中にはそんな練習をできる人がいるのかと僕は驚きました。その当時の僕は体重が六十八キロです。これは自分を変えないと絶対に勝てないと悟りました。それで、ちょっと人には考えられないようなことをやってみようという気になったわけです。

●教えられたこと

中村先生に僕はいろいろなことを教えていただきました。「若いときに流さなかった汗は老いて涙となって流れる」。また、「練習で泣いて試合で笑え」「天才は有限、努力は無限」。当たり前の言葉ですが、これがなかなかできないのです。

中村先生は、僕らが雨が降るなかを七十キロ、八十キロと走っているときは、自分も傘をささないでずっと立ちっ放しでした。

「聖書には、二人は一人に勝る、と書いてあるだろう。人間は一人では生きられないんだよ。八十キロ走るおまえも大変だ。見ている私も大変だ。だから頑張れよ。おまえが苦しいときには励ましてやる。だから、おまえが走り終わったあとで、監督も大変ですね、足をもみましょう、そういう気持ちにならなきゃだめだよ」。

僕も先生の足を一生懸命もんでいました。やはり「二人は一人に勝る」で、人間というのはなかなか一人ではやっていけないものです。

また、こんな話も聞きました。三千年も前の話ですが、昔も競走がありました。競走をする者はみんな一位をねらいます。でも賞をとる人は一人しかいません。どうしたら勝てるか。「節し慎む」と聖書に書いてあるというのです。三千年も前から節し慎んだのだから、おまえも節し慎みなさいと言われました。

先生は『正法眼蔵』まで出してくるのです。昔の人は衣服や食べ物のことなど考えないで、ただひたすら悟ることだけを考えていた、悟ればもう幸せだ、そういう世界もあるんだよ。おまえなんかまだ甘いよ……。

宮本武蔵は一回切られたら死ぬんだよ。夜も寝ないで剣の修行をしているんだよ。マラソン選手は負けたって死なないじゃないか。剣道なんか甘い。一回面とやられて、復活してまたやるんだから。真剣なら死んでいるよ。スポーツは甘い。中村先生は命がけでピストルの練習をしていたというわけです。そういう意味で、すごく説得力はありました。

「瀬古よ、昔の人は」と、昔の人の話ばかりです。昔、神光慧可禅師という修行僧が達磨大師にどうしても教えを請いたくて、訪ねて行ったそうです。でも二週間たっても三週間たっても門に入れてくれません。とうとう禅師は、私はこんなに命がけでやっていますと、まさかりで自分の腕を切り落とし、それでようやく入れてもらいました。おまえ、おれにそういうふうに思っているか、と先生は言うのです。

中村先生には二回ほど叱られたことがあります。一度は福岡マラソンで、僕には二回目のマラソンだったのですが、五位になったときです。先生が来たときに挨拶しなかったら、「挨拶できないようなやつは教えない」と半年ぐらい言われました。もう一度は、一九八一年にボストンマラソンで優勝したときです。表彰台に行くと僕の親がいて、僕は呼ばれて写真を撮ってから降りました。すると中村先生が「おまえ、おれのこと忘れている」と怒りました。「なんで忘れた、これほど一生懸命面倒を見ているのに、おまえは一瞬おれのことを忘れたのか。いつでも思っていなきゃだめだ」と言われました。

僕が田舎に帰ると、いつ帰ってくるんだ、いつ帰ってくるんだと、毎日電話がかかってくるのです。でも男というのは、男同士いつも一緒にいると嫌になるのです。僕は一年三百六十五日先生と飯を食っていました。他の人と食事することがありませんでしたから、僕には学生時代の友達がいないのです。高橋尚子さんは小出さんといつも一緒にいて幸せみたいですが、男はそういうことはありません。

●勝負事には運が必要

そんな感じで僕は、中村清先生とともにマンツーマンでやってきました。モスクワ・オリンピックに出られていればと今も思います。そのときはまだ力もあったし、次のロサンゼルス・オリンピックは二十八歳だから大丈夫だろうと思っていました。しかしロサンゼルスでは十四位でした。

当時は福岡マラソンが予選会でした。試合でテレビに映ると少しは顔も知られるようになって、神宮外苑で走っていると「瀬古頑張れ」などと言われました。僕はこんなに頑張っているのに、まだ頑張らなければならないのだろうかと思ったものです。「あ、瀬古だ」「違うよ、瀬古じゃないよ。三遊亭楽太郎じゃないか」などと言われたこともあります。昔は似ていたようです。

中村先生は古い人ですから、クーラーも禁止でした。夏もクーラーなしですから、僕は氷柱を買ってきてベッドの周りに置いて寝ていました。氷柱は真夏で一日半もちました。そんなことをやって戦っているのですから、勝てるわけがありません。それで、試合の二週間前に血尿が出始めてとまらなくなり、負けてしまうのです。

顔がうれるとつらいこともあります。柔道の山下泰裕君に聞いたのですが、彼は体が大きくて目立ちますが、一度サングラスをして帽子をかぶって外に行ったことがあるそうです。そうしたら出た瞬間に「おい、山下君」と呼ばれたと言っていました。「そうか、山下君も苦労しているんだな。僕は小さいから、サングラスをして帽子をかぶったらわからないけれど、おまえも大変だな」と僕は言いました。

ロサンゼルスオリンピックは十四位で、ソウルオリンピックは一応選ばれましたけれども、もう三十二歳でしたから成績はよくありませんでした。僕のマラソン人生は、オリンピック前後は全部勝っているのですが、オリンピックだけはなぜか勝てませんでした。

よく中村先生が言っていました。選手は強いだけでは勝てない。運・鈍・根が必要だ、と。「運」は運勢です。勝負事というのはやはり運がないとなかなか勝てないし、四年に一回しかないオリンピックに出るにはめぐり合わせがあるのです。「鈍」というのは、有名になっても応援されてもそれをプレッシャーに感じない、鈍い、神経質ではない人ということです。「根」は根気や根性です。そういう三つがないと、なかなかオリンピックには勝てないということです。

実際その通りです。僕は鈍でもなくプレッシャーにも少し負けて、運もなかった。根気ぐらいは少しはありましたが、それ一つしかなかったわけです。高橋尚子さんは運も鈍も根も三つそろっています。

そう思うと、僕の人生はあまりいいことがないのです。監督になってからも、中村先生が釣りの事故で亡くなったり、選手が三人交通事故で死んでしまったり、人生は山あり谷ありと言いますが、谷あり、谷ありばかりです。でも、そのうちいいことがあるのかもしれません。

●これからの夢

小出義雄さんの本の中にこんな言葉があります。小出さんが十二年ぐらい前に出した本で、まだ有森祐子さんも高橋尚子さんもいないころです。

「私の、今の夢は、世界を狙えるような選手を育てるということです。そのためには、人より先をいくトレーニングをしなければならないわけです。私、よく一世紀先のトレーニングというんですよ。こういうと小出のやつ、またほらを吹いているなんて思われるかもしれませんが、私としては大まじめなんです。だって、そうですよ。記録は、どんどん伸びていきます。ですから、一世紀先の練習をすれば、今、だれにも負けません。

一世紀先、どんな練習をやっているんでしょうね。そんなこと考えたら、おもしろいですよね。そしてがむしゃらにやっても、答えは出てきません。人より先の練習をがむしゃらにやって初めて答えが出てくるんだと思います。年をとらないと、そして経験を積んでいかないと、わからないことというのもありますよね。私、今、五十歳ですけど、この年というのは、まだコーチとしては、ひよっ子かもしれません。

でも、そんなに深刻になることも、ありませんよね。みんなで、わいわい、バカを言ったりしながら、やっていきたいと考えております。そんな雰囲気のなかから、世界を狙える選手が育ったら最高です。今、そういう夢をもっています。ちょっと甘いかな。」（『かけっこの職人芸』ランナーズ刊）

小出さんはこんなことを十二年前に言っているのです。

そのとおりになっているのですから偉い人です。小出さんは中村清先生と似たところもあります。選手をほんとうにかわいがるのです。選手一番、奥さん五番ぐらい選手を大事にする。それぐらい選手のことが好きなのだと思います。

中村先生と僕が知り合ったのが、先生が六十四歳のときです。僕はまだ四十五歳ですから、まだひよっ子にもなっていない「ひよ」ぐらいでしょう。監督になって選手を育てるというのは、それだけ経験も要るし、選手のことをほんとうに思う気持ちがないとだめだと思います。

僕は現場が好きですから、一指導者としてやっていきたい。小出さんは女子選手を一番にしましたから、僕は男子選手をオリンピックで優勝させようという夢を持ってやっていきたいと思います。

皆さんも大きな夢を持ってやりましょう。私も夢を大事にしてこれからの人生を生きていきたいと思います。

あとがき

慶應義塾日吉キャンパスには、文・経・法・商・医・理工学部の一、二年生一万一千人が学んでいます（文学部は一年生のみ）。

「極東証券寄附公開講座」は、平成十二年度に初めて日吉キャンパスあげて開催する試みとして始まり、引き続いて開催しています。

第二回となる平成十三年度は、日吉に学ぶ学生に加え、地域社会に開かれた断続的な講演を運営委員が討議した後、初年度に続き『「学ぶこと」を考える 2』として、芸術、ジャーナリズム、スポーツ、ビジネス、医療といった分野の方々へ講演を依頼し、十名の方にご快諾いただきました。

第一回目同様、学生、および地域社会の方々で、聴講を希望される方には事前に登録していただくように準備を進めていきました。

秋学期の始まって間もない十月十日を皮切りに、慶應義塾の学園祭である「三田祭」期間を除いて十二月六日まで、九回にわたって「極東証券寄附公開講座」を日吉キャンパス第四校舎J十四番教室で開催しました。この教室はマルチメディア情報環境の整った大教室です。

毎回、二百五十名を越える学生と地域社会の方々が熱心に聴講され、講演終了後にはさまざまな鋭い質問が出されました。最終回には五回以上出席した方に「修了証書」を授与しましたが、その数は百三十七名にのぼり、第二回の「寄附公開講座」の試みも、成功裏に幕を閉じることができたと思います。

慶應義塾日吉キャンパスとして、今回の断続講演を「記録」としてだけではなく、あらためて学生および一般社会人に向けて、書籍の形でまとめることができるのは、望外の喜びです。

最後に、慶應義塾日吉キャンパスにこのような試みの機会を提供してくださった極東証券株式会社社長・菊地廣之様、ご多忙の中、日吉キャンパスでの講演をしていただき、本出版にご賛同くださいました講演者の皆様に心から感謝の意を表し、厚く御礼申し上げます。

二〇〇二年九月

慶應義塾日吉キャンパス極東証券寄附公開講座編集委員会

「学ぶこと」を考える 2

2002年10月10日　初版第１刷発行

著者――――――山下洋輔、清水信義、杉原章郎、鳥越俊太郎、セルジオ越後、国井雅比古、
伯野卓彦、瀬古利彦

編集発行人―――羽田功

発行所――――慶應義塾日吉キャンパス
〒223-8521 神奈川県横浜市港北区日吉4-1-1
TEL 045-563-1111（代表）

制作・販売所――慶應義塾大学出版会株式会社
〒108-8346 東京都港区三田2-19-30
TEL〔編集部〕03-3451-0931
〔営業部〕03-3451-3584〈ご注文〉
〃　03-3451-6926
FAX〔営業部〕03-3451-3122
振替　00190-8-155497
URL: http: //www. keio-up. co. jp

装丁――――――巖谷純介

印刷・製本―――中央精版印刷株式会社

カバー印刷―――株式会社太平印刷社

Printed in Japan
ISBN4-7664-0958-2

「学ぶこと」を考える

慶應義塾日吉キャンパス極東証券寄附公開講座編集委員会　編

伝統芸能、芸術、ジャーナリズム、スポーツ、ＮＰＯ、医療といった分野の最前線で活躍する第一人者が語る「学びの現場」。慶應義塾日吉キャンパスへの極東証券の寄附による公開講座の第１回。平成12年10月から12月まで、10回にわたり慶應義塾学生および地域社会に向けて開催された。

●内容構成●

中村富十郎「歌舞伎の心を伝える」

小池一夫「キャラクター原論」

佐高信「金融腐敗の構造」

湯浅譲二「コスモロジーの反映としての音楽」

冨田洋「ＮＰＯは面白い」

山崎一彦「オリンピックとコーチ学」

赤坂真理「物語を創ること、捨てること」

河瀬斌「脳は再生できるか？」

篠塚建次郎「モーター・スポーツの魅力」

曙太郎「文化の違いを超えて」

●定価（本体2,200円＋税）

慶應義塾日吉キャンパス